光明社科文库
GUANGMING DAILY PRESS:
A SOCIAL SCIENCE SERIES

·教育与语言书系·

传播效果评价方法研究
——基于社交媒体的"一带一路"分析

戴金鸣 | 著

光明日报出版社

图书在版编目（CIP）数据

传播效果评价方法研究：基于社交媒体的"一带一
路"分析 / 戴金鸣著 . -- 北京：光明日报出版社，
2025. 1. -- ISBN 978 - 7 - 5194 - 8393 - 7

Ⅰ. G206. 2

中国国家版本馆 CIP 数据核字第 2025SK4570 号

传播效果评价方法研究：基于社交媒体的"一带一路"分析
CHUANBO XIAOGUO PINGJIA FANGFA YANJIU：JIYU SHEJIAO MEITI DE
"YIDAIYILU" FENXI

著　者：戴金鸣

责任编辑：李　晶　　　　　　　　责任校对：郭玫君　李佳莹
封面设计：中联华文　　　　　　　责任印制：曹　净

出版发行：光明日报出版社
地　　址：北京市西城区永安路 106 号，100050
电　　话：010-63169890（咨询），010-63131930（邮购）
传　　真：010-63131930
网　　址：http：// book. gmw. cn
E - mail：gmrbcbs@ gmw. cn
法律顾问：北京市兰台律师事务所龚柳方律师
印　　刷：三河市华东印刷有限公司
装　　订：三河市华东印刷有限公司
本书如有破损、缺页、装订错误，请与本社联系调换，电话：010-63131930
开　　本：170mm×240mm
字　　数：191 千字　　　　　　　印　　张：14. 5
版　　次：2025 年 1 月第 1 版　　　印　　次：2025 年 1 月第 1 次印刷
书　　号：ISBN 978 - 7 - 5194 - 8393 - 7
定　　价：89. 00 元

序 一

在新时代中国对外宣传工作中，"一带一路"倡议与中国故事相互依存，一方面，中国作为"一带一路"倡议的提出者，"一带一路"倡议成为中国故事的组成部分；另一方面，中国故事在世界各国的传播影响着国际舆论环境，最终制约着"一带一路"倡议的实施。要实现这样的传播目标，需要创新对外宣传方式，基于大数据技术探索计算传播新模式。

作者撰写的《传播效果评价方法研究——基于社交媒体的"一带一路"分析》一书，其研究应用价值在于针对"一带一路"倡议中的特定概念、项目或政策，快速、准确地把握其在国际主流社交网络媒体中的传播情况，包括相关评价的情感极性、主要评价以及整体传播效果，克服了国际舆情风险预警的瓶颈，从而有助于研究者与决策者更好地进行传播控制与干预。同时，本研究运用大数据技术和自然语言处理算法解决传播问题，对"一带一路"话题之外的所有国际舆情监测和传播效果研究也进行了有益探索，具有重要的方法论意义。

当前，国际舆论研究尽管借助于大数据取得了显著进展，然而由于舆情分析研判仍然依赖传统方法，使得国际舆论研究缺乏预见性和时效性，实质上构成了国际舆情风险研究的滞后。怎样运用人工智能技术与自然语言处理算法，设计并构建一种自动化的传播效果评价工具？作者针对这个问题进行的深入探讨，既对突破国际舆情风险研究瓶颈具有现实意义，也对计算传播学求解自动传播效果评价问题有重要的理论意义。

　　作者正是借助计算机工具运用算法模型对源自实际传播情形的大数据进行分析并探索计算传播学研究路径以丰富传播学研究。

　　本书的重要积极意义在于运用交叉学科的研究方法与框架，对现实重大问题进行了深入的分析与研究，提出了重要的发现与结论，这正是中国传播学研究所需要的，正是构建中国自主传播学知识体系应该的努力！

中国社会科学院新闻与传播研究所所长、

中国社会科学院大学新闻传播学院院长；

教授、博士生导师　胡正荣

2024 年 12 月 28 日

序　二

当今世界，全球化与互联互通已成为推动人类社会发展的两大引擎。我国提出的"一带一路"倡议，自 2013 年年底诞生以来，便受到国际社会的广泛关注和积极参与。然而，任何伟大的构想都需要在实践中不断接受检验，其传播效果和舆论反响尤其值得我们深入研究和评估。

《传播效果评价方法研究——基于社交媒体的"一带一路"分析》这部专著，正是诞生于这样的时代背景之下，由作者花费多年倾力打造。本研究不仅关注"一带一路"倡议在国际舞台上的传播实效，更通过深入挖掘社交媒体这一现代传播渠道，为我们提供了一种全新的研究视角和方法论。本书的研究成果，不仅有助于我们更好地理解"一带一路"倡议在国际社会中的传播效果，更能为我们制定更为精准、有效的传播策略提供科学依据。书中提出的基于人工智能和自然语言处理的评价方法，无疑为传播学领域的研究提供了一种新的可能性，也为我们进一步推动"一带一路"倡议在国际社会的传播提供了有力的工具。

我为作者在研究中展现出的敏锐洞察力和扎实的研究能力感到由衷的欣慰。他不仅将传播学与计算机科学进行了巧妙的融合，更在研究中展现了强烈的社会责任感和历史使命感。我相信，这部专著的出版，必将为"一带一路"倡议的传播研究提供新的视角和方法，也将为推动这一伟大构想的实践提供有力的理论支持。

在此，我谨向参与这部专著研究和撰写的同行表示衷心的祝贺，并期待他们在未来的学术道路上取得更大的成就。同时，我也希望这部专著能够引起更多学界和业界人士的关注，共同为"一带一路"倡议的传播研究贡献力量。

国防大学国家安全学院教授、战役学博士、大校

李海明

2024 年 12 月 28 日

前　言

　　"一带一路"倡议自2013年年底提出以来，日益得到国际社会的广泛认可。但由于"一带一路"建设的长期性和复杂性，以及世界各国在意识形态、利益取向以及对华关系等方面的差异性，国际舆论尤其是共建"一带一路"国家的社交媒体舆论对"一带一路"倡议以及中国国家形象的认知呈现多元化的情况，也出现了反对"一带一路"倡议和对华不友好的声音，构成了一定的舆情风险。围绕"一带一路"倡议的国际传播实质上已经形成了多主体、多领域、多方位的传播系统，在复杂受众环境下开展国际传播必须准备应对各种不同声音的挑战，于是需要解决一个更加基础性的问题：评估方法问题。及时评估舆情状况是评价国际传播效果、应对舆情风险、改善国际舆论环境的基础工作。现有国际舆论研究尽管借助于大数据方法而取得了显著进展，然而由于舆情分析研判仍然依赖传统方法，使得国际舆论研究在准确性和适用性、时效性和预见性等方面仍有缺失，成为国际舆情风险研究的瓶颈。如何及时准确地监测并研判各国民众（特别是共建"一带一路"国家的民众）对"一带一路"倡议以及中国故事的舆论响应？社交媒体的舆情究竟如何数据化并借助计算机自动化工具进行获取？怎样运用人工智能技术与自然语言处理算法，设计并构建出一种自动化的传播效果评价工具？针对这些问题的深入探讨，对国际舆情风险研判与应对具有现实意义，对计算传播学求解自动传播效果评价问题，亦有重要的理论意义。

本研究围绕"一带一路"倡议的相关概念、项目或事件的特征，采用人工智能和自然语言处理的模型和算法，以 Twitter① 这一社交媒体平台为主要研究对象，构建国际舆情自动评价工具。本研究的特色是传播学与计算机科学的跨学科融合，以媒介效果、公共舆论以及网络传播的相关理论为指导，基于大数据构建一套自动评价工具，进而实现监测传播效果的一套评价方法。

本研究从四方面建构了一套完整的"一带一路"社交媒体效果评估方法系统。

首先，本研究设计并构建了"一带一路"网络传播样本数据集。本研究选择 Twitter 作为主要的数据采集来源，提出两种针对 Twitter 的可行的数据采集策略，完成了数据集构建研究，实现了基于查询词的推文采集和基于查询词的用户采集，将之命名为 Belt and Road Empirical Analysis Dataset，简称 BREAD。

其次，本研究提出了一种面向"一带一路"社交媒体内容的情感极性分析模型。本研究参考学术评测任务 SemEval 和 Sentihood 的框架，将其定义为句子级别的细粒度情感分析任务，并给出了"一带一路"社交媒体倾向性分析的问题定义与形式化表示。本研究提出的情感分析模型能够通过多层注意力机制捕获文本在评价对象和评价方面上的信息，通过引入常识性知识协助模型进行信息过滤并为评价对象和评价方面进行信息补充。在真实数据集上的对比实验表明该模型能更好地学习文本在特定评价对象和评价方面上的表示，对"一带一路"社交媒体的细粒度情感分析优于基于词典的基线方法和其他基于深度学习模型的方法。

再次，本研究提出了面向"一带一路"相关社交媒体内容的评价要素抽取算法。本研究分析了传统的评价词识别算法，发现传统方法难以解决面向

---

① 注："Twitter"已于 2023 年更名为"X"，"Facebook"更名为"Meta"。

"一带一路"评价词抽取任务中一词多义、多词同义、新词术语、复合评价词、隐式评价词等现象和问题。针对这些难点问题，本研究提出了一种针对"一带一路"传播内容的评价要素抽取算法，将规则匹配与句法结构、依存关系、语义角色识别、指代消解结合起来，较好地解决了面向"一带一路"的评价词抽取任务里的难点。

最后，本研究提出了"一带一路"传播效果综合研判方法。针对"一带一路"相关内容在社交媒体上的传播过程，本研究选取了报道数量、报道来源、篇幅长度、搜索排序四个指标作为针对包含关键词的样本集的分析依据。对不同指标的不同层级统计频数，并使用层次分析模糊模型、计算模糊矩阵，最终计算得到评价指标。本研究将两个情感分析模块得到的多层次情感极性以及关键词和其情感极性数值化当作特征添加到统计模型中，为统计模型引入了非线性的特征。本研究还进行了监督训练的尝试，比较评价模型结果与人工评价结果之间的差距。结果表明，使用添加了社交媒体观点挖掘特征的统计模型在评价结果上与人工评价的结果最为接近。

总之，本文面向"一带一路"的国际传播效果评价，以传播学理论为指导，深入研究针对"一带一路"传播内容特点的情感挖掘、评价要素抽取等智能语言信息处理技术，设计提出了一套适用于"一带一路"内容特点的社交媒体传播效果自动评价方法，并且建设了相关样本数据集和采集工具，研制开发了较完善的情感分析和评价要素抽取原型系统，构建了全流程、全方位覆盖的"一带一路"传播效果计算和数据分析平台。

本研究不仅有助于研究者与决策者针对"一带一路"在社交媒体上的舆情状况及时地进行传播控制与干预，而且运用大数据技术和自然语言处理算法解决了传播问题，也为计算传播学的方法论做出了有益探索。

目　录
CONTENTS

第一章

绪　论

第一节　研究缘起："一带一路"倡议的国际传播

2013年8月19日，习近平总书记在全国宣传思想工作会议上提出："要精心做好对外宣传工作，创新对外宣传方式，着力打造融通中外的新概念新范畴新表述，讲好中国故事，传播好中国声音。"同年9月至10月，习近平在访问哈萨克斯坦和印度尼西亚期间，先后提出了共建"丝绸之路经济带"和"21世纪海上丝绸之路"的倡议。2015年3月，中国政府正式发布"一带一路"的布局蓝图，全面推进"一带一路"倡议成为中国参与全球治理的重点理念和关键举措。① "一带一路"倡议是我国政府提出的多元开放包容的国际性合作倡议，既是今后中国对外开放的总纲领，也正在成为全面深化改革的新钥匙。

2018年8月27日，在推进"一带一路"建设工作5周年座谈会上，习

---

① 推进"一带一路"建设工作领导小组办公室. 共建"一带一路"倡议：进展、贡献与展望［EB/OL］. 新华社，2019-04-22.

近平总书记强调，共建"一带一路"，彰显了同舟共济、权责共担的命运共同体意识，顺应了全球治理体系变革的内在要求，为完善全球治理体系变革提供了新思路新方案。为新时期世界走向共赢带来了中国方案；为全球治理提供了新的路径与方向；为全球均衡可持续发展增添了新动力，提供了新平台。为此，必须在"一带一路"建设中对外讲好中国故事，传播好中国声音。将"一带一路"建设及其承载的构建人类命运共同体理念在全球准确传播，并得到世界各国政府和人民的广泛认同和响应，增进共识和合作，以更好地实现"五通"目标——政策沟通、设施联通、贸易畅通、资金融通、民心相通。其中，民心相通是基础，也是实现前面四通的重要条件。

在新时代中国国际传播工作中，"一带一路"倡议与"讲好中国故事"相互依存、相互支撑。一方面，中国是"一带一路"倡议的提出者，"一带一路"倡议成为中国故事的组成部分；另一方面，中国故事在世界各国的传播影响着国际舆论环境，最终影响着"一带一路"倡议的接受度。要实现这样的传播目标，需要创新国际传播方式，也需要对国际舆情及国际传播效果展开有效评估，尤其是在大数据时代和智能媒体时代，要运用智能技术基于大数据探索计算传播新模式，从而为实现有效、实效、高效的国际传播建立基础。

"一带一路"倡议涉及全球多个国家和地区。在"一带一路"倡议的国际传播过程中，受意识形态、利益取向以及外交关系等因素的影响，各国舆论对此倡议以及其中的具体议题持有多元化的态度。例如，在英国、日本、德国、意大利等国家，媒体舆论在呈现"一带一路"倡议时，都显示出复杂的心态。

值得注意的是，金砖国家对"一带一路"倡议也有不同的看法。俄罗斯和南非舆论正面介绍了"一带一路"倡议。俄罗斯与中国的合作源远流长，其主流舆论非常肯定"一带一路"倡议，无论是基层还是中央的态度都很积极，在报道时多为正面声音，2017 年上半年俄罗斯主流舆论中的"一带一路"内容中负面部分仅有不足百分之二。南非舆论也多以正面为主介绍和评价"一带一路"倡议，其代表性舆论平台自 2017 年 1 月到 8 月中旬的相关内容中仅有 13% 的消极内容。① 印度和巴西两国舆论对"一带一路"倡议的意图抱有猜测，因此媒体内容有负面声音。

在金砖国家之外，以智利、匈牙利、韩国、墨西哥为代表的多数新兴市场国家舆论都持较为积极的态度。② 智利舆论对"一带一路"倡议十分期待③，认为中国的进一步自由开放将有益于智利。"一带一路"倡议在匈牙利舆论看来，将进一步加速中国资本的到来，有利于匈牙利的发展。韩国舆论认为韩国参加亚投行将会给自己的开发事业带来更多的机会，十分肯定"一带一路"倡议的务实性和有效性。

综上所述，"一带一路"国际传播在各国面临着各不相同的舆论情况。究其原因，主要由于语言和文化差异，跨文化传播在取得理解和认同上存在许多障碍。因此，广大民众对"一带一路"相关概念的理解程度、对"一带一路"相关项目的支持程度、对"一带一路"相关事件的关注程度，将从本质上影响我国"一带一路"的成功实施。虽然已有学者做了探索，不过，正如任孟山等指出，新闻传播学领域对"一带一路"倡议的传播效果研究还十分匮乏。④ 其中一个重要原因是，对这一特定主题的效果的评价方法工具还付诸阙如。因此，在"一带一路"倡议的国际传播面临挑战的情况下，研究

① 周亭，杨钰，向雅琴. 关于南非媒体"一带一路"报道情况的研究 [J]. 国际传播，2018（02）：23-32.

② 徐四海，张海波. 墨西哥媒体"一带一路"报道特征研究 [J]. 国际传播，2018（02）：51-59.

③ 贾诗慧，张凡. 阿根廷媒体看"一带一路"：焦点、舆情及报道框架 [J]. 国际传播，2018（02）：60-68.

④ 任孟山，王琳. 新闻传播学领域对"一带一路"倡议的研究——对 2013—2019 年新闻传播学 CSSCI 来源期刊的文献分析 [J]. 传媒，2020（06）：37-39.

这一倡议的国际传播效果评价方法具有重要意义。

"一带一路"倡议实施过程中，相关的概念是否有效抵达目标受众群体，是否得到目标受众的关注、理解和认同？目标受众对"一带一路"以及相关具体事件持有怎样的认知和态度？国际社会，特别是普通民众，对我国"一带一路"倡议的关注、认知和态度是否与"一带一路"倡议的理念相一致？由于传播对象的国际性、传播渠道的去中心化以及反馈的局限性，这一系列问题很难通过传统手段得到及时的解答。

社交媒体在"一带一路"的国际传播工作中发挥着关键性作用。近年来国际范围内报纸、广播等传统媒体的舆论影响力与新兴媒体的舆论影响力此消彼长。尤其在近年来发生的一系列舆情事件中，新兴媒体在舆情引爆、舆论扩散等方面的强大力量日益显现。随着网民数量的增加，基于互联网的新兴媒体对民情、民意的影响力还将进一步增加。以《赫芬顿邮报》（*The Huffington Post*）为代表的网络原生新闻媒体，以 Buzz Feed 为代表的新闻资讯聚合类应用，以 Facebook、微博、微信为代表的社交媒体平台，因其用户规模、用户活跃度、用户黏性的持续增长而成为不容忽视的舆论场；美国有线新闻网（CNN）、英国广播公司（BBC）、今日俄罗斯（RT）、半岛电视台（Al Jazeera）等国际媒体都在极力推进其网络传播矩阵的建设。特别是在海外，社交媒体因其特有的互动性，日益成为不可忽视的重要渠道和平台。Twitter 上不仅汇集着外国政客、新闻媒体、智库、专家等"一带一路"线下传播的"意见领袖"，更广泛聚集着来自众多"一带一路"参与国和利益攸关国及拥有各种身份的个人和团体。"一带一路"在 Twitter 上传播的过程给我们提供了评价传播效果的重要观察对象。

因此，研究"一带一路"在社交媒体上的传播效果评价方法具有重要意义。其学术意义在于，沿着计算传播学的研究路径，将大数据技术与自然语言处理算法运用在网络传播效果的自动评价上，并探索其在"一带一路"国际传播实践中进行实际应用的可行性。本研究的应用价值在于，用自动化代替人力，克服了国际舆情预警的时效性瓶颈，从而有助于研究者与决策者及时地进行传播控制与干预。

第二节 文献综述：国内外相关研究进展

世界正在面临百年未有之大变局，民粹主义思潮在多个国家和地区日益抬头，局部地区甚至出现社会动荡。在这一时代背景下，"一带一路"倡议自 2013 年被提出以来，得到了共建国家的大力支持。然而，也有部分国家对"一带一路"倡议有误解。其原因主要在于两方面。一方面，"一带一路"倡议的核心意旨与价值内涵的传播能力还需提升，具体言之，对外宣传的传播力、引导力、影响力、公信力还有比较大的提升空间。这些能力上的缺失也就使一些国家在理解"一带一路"倡议时出现了偏差与误解。另一方面，受制于我国在国际传播秩序中长期所处的弱势地位，我国在国际传播话语空间中时常被一些重要国际议题置于"失语"状态。"一带一路"也受到这种情况的影响。很多西方媒体曲解"一带一路"倡议，然而我国媒体难以做出有力回击与反驳。面临国际舆论场的严峻挑战，构建"一带一路"全媒体国际传播体系势在必行，这一传播体系以 CGTN、*China Daily* 等中央外宣媒体为主渠道，以官方与民间全方位、多层面交流为辅助，同时，必须考虑海外社交媒体平台的关键意义，也必须不断探索如何对社交媒体上的相关舆情进行系统化、自动化和数据化的分析。因此，关于社交媒体舆情采集与分析的计算传播学研究成为一项迫切任务。关于这项重要议题，既有研究已提供了重要的基础，它主要涉及两方面的工作：第一方面是关于国际传播体系建设与媒介效果研究的理论；第二方面是社交媒体评估方法研究，包括社交媒体样本集研究、社交媒体倾向性研究、社交媒体评价词抽取研究等。

一、"一带一路"国际传播体系建设与传播效果研究

"没有测量，就没有管理"，要进行"一带一路"国际传播体系长远建设，势必要完善"一带一路"传播评价体系的建构，本研究正是希冀结合大数据技术，采集数据构建自动评价工具，完善健全传播效果评价方案，对指标体系进行系统优化。如此一来，本研究首先应当对相关传播效果研究进行回顾和梳理。

（一）大众媒介效果研究

从传播学诞生以来，关于传播效果的研究一直是传播学发展的核心领域，这一局面从未改变。究其原因，主要是效果研究至今拥有着最多的话语资源和学术资源，也一度被美国传播学者誉为"主流范式"。根据周葆华对大众传播效果研究的历史考察，效果（effect）一词最早与"大众传播"（mass communication）、"大众媒介"（mass media）共同出现在 1968 年出版的《国际社会科学百科全书》（International Encyclopedia of the Social Sciences）上。① 事实上，当施拉姆等早期重要的传播学奠基者努力将传播学发展为一种显学时，传播效果一直就是传播研究最为关键的问题。因为，提高大众传播效果，对媒体机构而言，意味着更多的广告与利润；对竞选活动而言，意味着更多选民的支持；对受众而言，则意味着提供更优质的服务。这些从传播学诞生起便与学者们息息相关的社会现象，促使传播效果研究理所当然地成为笔者们关心的焦点。也因此，"魔弹论"等概念引人注目，而传播效果研究中著名的"两级传播论""有限效果论"等成了 20 世纪初期传播学研究的主要理论贡献。伊莱休·卡茨（Katz Elihu）一方面继承保罗·拉扎

---

① 周葆华. 大众传播效果研究的历史考察［D］. 上海：复旦大学，2005.

斯菲尔德（Paul Lazarsfeld）的思想，另一方面对将媒体效果只集中于竞选活动及其有限的影响力这一说法提出批评，他认为保罗·拉扎斯菲尔德事实上提出了一整套媒体效果图，而他的"强化"概念与媒体加强现状的批判理论的中心论点有重要联系。① 关于大众传播效果的相关研究又诞生了一系列带有批判色彩的结构功能主义取向的中层理论，如"涵化理论"（教养理论）、"沉默的螺旋理论""社会学习理论""媒介霸权理论"等，这最终形成了大众传播效果研究历史上的"强—弱—无—强"模式。即以政治性信息的传播效果而言，纽顿（K. Newton）在其著作《大众传播效果：动员还是媒介顽症？》（*Mass media effects：Mobilization or media malaise?*）一书中系统总结了媒介效果的主要层面，包括现代大众传媒对民主的影响、教育水平和政治信息对动员公民的影响、动员和媒体恶意与期刊阅读相关联、大众媒体研究中因果关系的含义等关键主题。② 而心理学研究则为传播效果提供了理解基础。如霍夫兰（Carl Hovland）等人在《传播与说服》（*Communication and Persuasion*）中使用了"认知—情感—行为倾向"的三重框架，奠定了效果分析的基础。在中国，相继有学者对这些传播学理论进行了本土化的尝试及拓展。

在浩如烟海的传播效果研究著作中，关于传播效果的诸多分析框架得以形成。本研究的焦点在于"一带一路"倡议的国际传播，它具有较强的政治色彩，也符合效果的基础模式。本项研究使用"认知—情感—行为倾向"基础模式，着重对社交媒体中的语言要素进行抓取和挖掘，力图理解相关效果的状况。

---

① KATZ E. Lazarsfeld's Map of Media Effects [J]. International Journal of Public Opinion Research, 2001（3）: 270-279.

② NEWTON K. Mass Media Effects: Mobilization or Media Malaise? [J]. British Journal of Political Science, 1999, 29（4）: 577-599.

（二）效果评价体系研究

传播学家拉斯韦尔提出的"5W"传播要素成为大众传播效果研究的理论根基。根据"5W"理论提出的信息传播效果受到传播者、信息、媒介、接受者四种要素的影响，大众传播研究也因此被划为传播者研究、内容研究、媒介研究、受众研究以及效果研究五个部分。事实上，拉斯韦尔对传播效果的研究，属于美国国务院赞助下的"政策科学"领域，可见传播效果应用研究与国际传播的重要关联。① 除了上述以国家为基本主体进行的传播效果评价研究，近些年来，一些社会机构也广泛开展了传播效果评估活动。如皮尤研究中心开展的"全球态度调查项目"（the Pew Global Attitudes Project）就全球范围内的若干重大问题进行舆论调查，就是典型例子。

关于传播效果评价体系的相关研究在中国国内已有相当可观的探索。柯惠新在这一领域研究较为深入，她在 2009 年就针对国际传播的过程进行分析，并提出基于文本信息和受众反馈两方面的评价指标体系。② 此后，国内学者相继以实证量化研究为基础，不断丰富相关指标体系。2011 年，程曼丽和王维佳提出要首先考虑宏观效果的前提，提出一整套主客体评估指标。③ 2018 年，刘燕南和刘双以"能力—效力"框架为主，建构了一个由基础建设、内容产制、传播影响、市场经营四项一级指标组成的综合性国际传播效果评估指标体系。④ 基于上述研究可以看出，国内学界都意识到建构国际传播效果评估体系的重要性，并进行了探索研究，但在如何对特定国际传播目标的效果评估上，仍存在可操作性较弱的问题，这也正是本研究希望解决的问题。

① 同心. 中国国家形象跨文化传播的评估指标体系研究 ［D］. 上海：复旦大学，2014.
② 柯惠新，陈旭辉，李海春，等. 我国对外传播效果评估的指标体系及实施方法 ［J］. 对外传播，2009（12）：11-12.
③ 程曼丽，王维佳. 对外传播及其效果研究 ［M］. 北京：北京大学出版社，2011：5.
④ 刘燕南，刘双. 国际传播效果评估指标体系建构：框架、方法与问题 ［J］. 现代传播（中国传媒大学学报），2018，40（08）：9-14.

与本研究主题相关的国外研究方面，研究者较多采用实证方式进行国际传播和舆论倾向调查。其中，阿兰·格博（Alan Gerber）等人通过对《华盛顿邮报》用户群体进行的实证研究认为，虽然有大量证据表明媒体的信息来源具有明显的政治倾向，但很难在社会舆论等特定问题方面使公众的意见被改变。① 琼斯·李和曾敬涵对中国"一带一路"倡议的发展过程及国际影响进行了系统研究，该研究指出"一带一路"并不是地缘政治战略，而是一种松散的自由计划，他们认为，"一带一路"正在被相关国家的权力和资源争夺形塑，而这一状况并非领导人制定此倡议的初衷，甚至会不利于外交关系的发展。② 这两项研究中，也形成了对"一带一路"国际传播效果评估体系的基本认识，从而为建立评估方法的设计方案提供了参照。

（三）"一带一路"国际传播研究

从本研究的具体内容来看，"讲好中国故事，传播好中国声音"是中国媒体的重要职责，"一带一路"倡议的传播需要世界规模的传播舞台和媒体渠道。怎样快速、优质地在全球范围内实现中国声音的正面传播？这在近年来的国际传播研究中获得了广泛而深入的研究。

一些研究人员起步较早。他们针对"一带一路"倡议本身的传播，尤其在世界范围内的传播，不仅在宏观理论层面阐述全球传播战略格局，而且在全球媒体和国内舆论的国际传播实践上开展面向"一带一路"倡议的应用研究。其他相关研究还分析了在"一带一路"背景下的中国特色文化，如中医药、汉语等话题的国际传播情况。

例如，清华大学爱泼斯坦对外传播研究中心选取国外部分主流媒体关于

---

① GERBER A S，KARLAN D，BERGAN D. Does the Media Matter? A Field Experiment Measuring the Effect of Newspapers on Voting Behavior and Political Opinions［J］. American Economic Journal：Applied Economics，2009，1（2）：35-52.

② JONES L，ZENG J. Understanding China's "Belt and Road Initiative"：beyond "Grand Strategy" to a State Transformation Analysis［J］. Third World Quarterly，2019，40（8）：1-28.

"一带一路"倡议的相关内容，对 2013 年以来"一带一路"议题的国际舆情进行了统计分析，他们认为，"一带一路"的相关话题在世界代表性舆论平台上先后有三个发展时期，分别是观察与了解、谨慎与疑虑、焦虑与矛盾，各个时期之间的发展节点与某些全球性事件联系密切，如特朗普当选美国总统、亚投行的建立等。① 宋美杰研究绘制了"一带一路"全球新闻流通图景。通过统计境外媒体自 2013 年 9 月至 2016 年 2 月发布的五百多篇"一带一路"英文报道，研究者认为，流通图景的结构特点为"中心—边缘"，并发现了某些凝聚子群关系。② 戚凯对"一带一路"倡议的报道情况进行了调研，针对新华社、中央人民广播电台、中央电视台等国家权威媒体，讨论了全球传播效果评估体系的关键价值。还有研究人员选择某一权威传播平台分析了其在"一带一路"倡议的国际传播中的问题与解决方案。③ 侯迎忠等通过案例研究的手段，统计分析了报道的数量、类型、主题，以及内容的语境修辞、消息来源以及立场倾向等不同要素，刻画新闻报道背后的立场，探索传播"一带一路"声音、构建中国和谐形象中的不足。但其限制在于，受计算手段制约，仅选取了《卫报》《纽约时报》《华盛顿邮报》三家传统主流国际媒体（借助其官网的搜索机制），以及谷歌搜索引擎，以三个关键词（Silk Road、One Belt One Road、Belt and Road）为检索词，仅得到 75 篇研究样本，在数量和范围上都极为有限。④

值得注意的是，有部分学者对社交媒体进行了探索。例如，毛伟和文智

① 清华大学爱泼斯坦对外传播研究中心."一带一路"议题的国际舆情分析［J］.对外传播，2017（05）：1，24-26.
② 宋美杰.中心·边缘·群体："一带一路"倡议的国际新闻流通图景［J］.现代传播（中国传媒大学学报），2017，39（09）：66-71.
③ 戚凯."一带一路"的国际传播——以主要央媒的报道实践为例［J］.青年记者，2017（23）：58-59.
④ 侯迎忠，付阳，张天艺.全球治理语境下的中国形象研究——以"一带一路"国际舆情为例［J］.对外传播，2019（09）：35-38.

贤统计分析了新华社、《人民日报》在 Twitter 平台传播"一带一路"倡议的情况，然后采用可视化工具生成了传播路径图。研究者的结论是，在 Twitter 上中国媒体还没有形成"朋友圈"，这些权威媒体账号间的交互少，传播效果受限，未能建立"一带一路"倡议的传播矩阵。不过，社交媒体特有的互动性、便捷性和传播的延展性，使得它们在全球范围内的传播中发挥着越来越重要的作用。①

以上国际传播研究的探索，为理解"一带一路"的传播图景提供了基本认知以及实证探索。要想进一步获取突破性成果，迫切需要更具科学性和针对性的评估方法工具。

（四）舆论倾向的计算传播学研究

舆论传播是通过传播一定的言论、观点来巩固或改变受众态度的传播，所以这种传播不仅要让受众接受，同时还要影响受众的态度。虽然认知效果和态度效果都是传播效果的范围，但传播者最终要获得的其实是态度效果。②在当今人们高度依赖媒介的信息时代，国际舆论的形成和发展显然与媒体具有重要联系。

一方面，对国际舆论而言，普通大众很难有直接与国际事件相关的体验机会，这样一来，媒体上所制造的"拟态环境"就成了大众认知世界的基本途径，虽然目前传统的大众传播时代已然过去，网络新媒体成了人们获取信息的主要方式，但这种看似由受众自己掌握信息生产权与筛选权的方式，实则仍然在一定程度上掌握在国际问题上具有话语权的权威媒体。因此，总体看来国际舆论与媒介技术、媒介信息、媒介话语深刻关联。另一方面，公众对国际舆论的态度并不全部展示在媒介上，也可以通过其他社会行为表达对

① 毛伟."一带一路"倡议在海外舆论场的话语建构与报道框架——以巴基斯坦主流媒体为例［J］.中国记者，2018（12）：114-117.
② 张鑫.大众传播效果研究新论［J］.湖南社会科学，2003（01）：188-190.

国际事务的观点与看法。

　　由于舆论是由具有各自不同倾向性的个体意见汇聚而成，其存在和演化的动态机制是一个复杂的系统问题。正是基于这个原因，舆论倾向研究开始就与群体动力学、复杂系统科学等前沿科学联系在一起，并且直接得益于21世纪崛起的计算社会科学研究方法。计算社会科学是对复杂的、大规模的（有时是模拟的）人类行为数据进行计算方法的开发和应用。① 舆论倾向涉及对社交媒体平台上大量自然语言的收集和处理，同时还需要对文本隐含的态度倾向进行识别。由于2016年剑桥分析公司涉嫌利用Facebook平台进行舆论操纵，使得计算宣传研究（Computational Propaganda）成为一个备受瞩目的议题。一方面，它引发了批判性反思；另一方面，它也使舆论倾向研究成为计算传播学的典型研究内容。②

　　正如张伦所言，计算传播学致力于寻找传播学可计算化的基因，以传播网络分析、传播文本挖掘、数据科学等为主要分析工具，大规模地收集并分析人类传播行为数据，挖掘人类传播行为背后的模式和法则，分析模式背后的生成机制与基本原理。新数据、新方法以及重要问题，是计算传播学不可或缺的三个重要元素。③ 舆论研究作为传播效果研究最重要的内容之一，利用计算传播学对舆论进行研究，这实际上是对既有大众传播经典理论的再一次重要勘界，尤其是在社交媒体时代，人们对信息接收与传播方式发生了颠覆性的改变，数据量的爆炸式增长成为当下媒介技术试图攻克的主要目标，线上舆论形成了对新社会运动的强大推力。因此，舆论倾向的计算传播研究

① ATTEVELDT W V, PENG T Q. When Communication Meets Computation: Opportunities, Challenges, and Pitfalls in Computational Communication Science [J]. Communication Methods and Measures, 2018, 12 (2-3): 81-92.
② MATEI S, KEE K. Computational Communication Research [J]. Data Mining and Knowledge Discovery, 2018, 9 (01): 1-18.
③ 张伦. 计算传播学范式对传播效果研究的机遇与挑战 [J]. 新闻与写作, 2020 (05): 19-25.

正是试图利用这样的现实媒介环境，利用自身方法论上的特殊优势，对传播效果研究实现范式革新。

二、社交媒体传播效果评估方法研究

当"一带一路"传播效果落脚到互联网社交媒体上的时候，需要关注的不仅是理论，更是科学的自动化方法。一方面，社交媒体上的舆情数据，其数量级是远远大于传统媒体的；另一方面，互联网社交媒体本身就是计算机科学场域观照的普遍对象。这样，走向一种数据化、自动化、科学化的传播效果评估方法体系，就势在必行了。

这套方法涉及四个关键点，分别是社交媒体样本集构建、社交媒体倾向性、社交媒体评价词抽取，以及社交媒体效果评估。下文将从这四个关键点出发，对中英文文献中关于"一带一路"及其他舆论主题的方法研究进行综述。这一部分的综述将着重描绘相关领域的整体图景，而关于相关方法的重点、难点、基础与疑惑，将在相关各章的第一节再进行细致讨论。

（一）社交媒体样本集构建研究

针对"一带一路"在社交媒体传播中的数据采集和样本集构建，相关研究工作也获得了进展。

郝涛针对"一带一路"国际合作高峰论坛中《人民日报》的微博内容，研究"主流媒体如何运用社交平台提升传播效果、引导舆论走向、构建身份认同，以提升国际传播效果，塑造良好的国家形象"问题。① 胡岸等人分析了三家中国主流媒体在某海外社交媒体发布的"一带一路"新闻的传播效果。研究者指出，"一带一路"互惠性相关新闻数量多、关注度低；而向外

---

① 郝涛.""一带一路"中社交媒体传播策略研究——以人民日报微博为例 [J]. 新闻研究导刊，2017，8（11）：155，235.

界解释"一带一路"政治意图的新闻数量少，传播效果更好。① 刘若涵面向 Twitter 中"一带一路"英文文本开展研究，她在大数据采集的基础上创建了专用语料库。基于主题建模（Topic Modeling）与情感分析（Sentiment Analysis），建构了中国国家形象转化模型，呈现了国家形象的历时性变化。研究将相关国家划分为中国、沿线国、非沿线国三种主体身份，认为通过中国自塑、沿线国与非沿线国他塑的多个主体的互动博弈，我国的社交媒体国家形象正在发生转变。② 该工作基于所构建的语料库，重点在于如何得出话语策略分析的结论。赵常煜等人采集 2017 年与"一带一路"相关的 6 万余条推文，从推文中挖掘出世界对"一带一路"的讨论主题和情感倾向，这有助于为政府机构优化宣传策略。这项研究分别按照中文和英文进行数据预处理、数据描述、主题挖掘、情感分析，并实现主题和情感的交叉分析，得出结论。其中，英文推文更关注举办高峰论坛的事实以及论坛所带来的经济效应，情感波动较小，经济方面的情感值积极占比明显高于消极和中立占比。③

从相关研究的结论来看，国外无论是官方媒体还是普通市民群众，对"一带一路"话题都有一定的关注。因此，我们应当对其整体研究进行积极有效的引导，从而推动"一带一路"在海外的传播，帮助世界人民了解真实的"一带一路"倡议。社交媒体在其中承担着传播"一带一路"的重要责任。这些研究在自动化舆情分析方法上做出了各种探索，特点鲜明、结论丰富，但也存在一定局限性。

首先，研究对象较窄。既有研究主要针对政府账号和国内主要媒体在"一带一路"的传播影响，缺乏对广大真实普通用户的考虑和关注。

---

① 胡岸，陈斌. 国家议题的对外传播效果分析——以"一带一路"在海外社交媒体上的框架分析为例［J］. 编辑之友，2018（12）：75-78，90.
② 刘若涵. 社交媒体平台的国家形象研究［D］. 北京：北京交通大学，2019.
③ 赵常煜，吴亚平，王继民."一带一路"倡议下的 Twitter 文本主题挖掘和情感分析［J］. 图书情报工作，2019，63（19）：119-127.

其次，时效性不足。现有研究大都通过人工，静态地采集"一带一路"传播的部分内容，缺乏对动态、在线内容的自动化掌握能力。

最后，采集手段较为单一，且针对性和创新性有待提升。有些研究工作靠人工获取传播内容，有些研究工作使用了自动化的采集手段，但技术针对性不强，效果不尽如人意。特别是，既有研究普遍没有针对"一带一路"传播的核心特征进行样本集构建。

本研究工作中的采集部分内容，关注点聚焦于具有时效性的样本集构建，且来源广泛，无论政府媒体还是国内国外官方媒体或个人，只要与"一带一路"相关的推文都属于采集范围。同时，研究设计了针对"一带一路"特点的采集技术，把这些样本数据作为后续研究工作的数据基础。

（二）社交媒体倾向性研究

情感倾向性是舆论的表征，也是本研究所构建的评估方法的重点所在。细粒度的方面级的情感分析任务主要基于深度学习的方法进行。例如，Dong 等人提出一种自适应递归神经网络（AdaRNN）模型，并加入语义结构和上下文信息来学习目标和其他词语的情感关系。[1] 该模型通过自适应的深度网络来高度关注特定目标的情感特征信息，以及挖掘特定目标更丰富的语义信息和情感特征，并通过依存句法分析来获取其他词语和特定目标的依赖关系。Nguyen 和 Shirai 结合递归神经网络和依存树提出一种 PhraseRNN 模型。该模型可以针对不同的方面构建二叉短语依存树表示特定方面的特征信息，挖掘更丰富的情感信息，从而可以有效识别句子中不同方面的情感倾向。[2]

[1] DONG L, WEI F, TAN C, et al. Adaptive Recursive Neural Network for Target - Dependent Twitter Sentiment Classification [C] //Proceedings of the 52nd Annual Meeting of the Association for Computational Linguistics（volume 2：Short papers）. 2014：49-54.

[2] NGUYEN T H, SHIRAI K. PhraseRNN：Phrase Recursive Neural Network for Aspect - Based Sentiment Analysis [C] //Proceedings of the 2015 Conference on Empirical Methods in Natural Language Processing. 2015：2509-2514.

基于注意力（attention）机制的深度神经网络模型在面向方面的情感分析中有更好的性能，基于注意力机制的方法可以使模型在训练过程中更加关注特定方面的特征信息，有效识别文本中词语在不同方面间的相互关系，挖掘更多的隐藏特征，从而更好地学习文本在不同方面上的表示。例如，Wang等人对不同方面进行特定的向量化处理，使用基于注意力机制的长短期记忆网络（LSTM）对特定方面进行情感分析。① 该方法使用一个作用在 LSTM 隐藏层的注意力机制可以有效地将特定方面的向量信息整合到每一个 LSTM 网络单元，从而可以在训练过程中针对特定的方面来学习和调整网络模型的参数信息，取得比以往方法更好的情感分类效果。此外，Tang 等人将一种基于注意力机制的深度记忆网络用于面向方面的情感分析。该模型使用内容层面注意力机制和特定方面在文本中的位置注意力机制，使模型在训练过程中可以通过多方面信息关注输入文本特定方面的情感特征信息，有效弥补了单一注意力机制的不足。② 在长文本面向方面的情感分析任务中，Ruder 等人提出一种分层双向 LSTM 网络模型。该模型可以充分考虑不同句子在评论中的相互联系，同时保留了特定方面在文本和词语之间的联系，有效提取了文本内部和词语之间的特征信息。③

在近三年的相关工作中，除了传统的基于 LSTM 和注意力机制的模型，各种优化方法以及新的模型被应用，面向方面的情感分析不断取得突破。

在 2017 年，Ma 等人认为方面及其上下文都应该在交互学习中被特殊对待，并学习得到它们相应的表示，于是提出了互动注意力网络（IAN）交互

① WANG Y, HUANG M, ZHAO L. Attention－Based LSTM for Aspect－Level Sentiment Classification ［C］//Proceedings of the 2016 Conference on Empirical Methods in Natural Language Processing. 2016：606-615.
② TANG D, QIN B, LIU T. Aspect Level Sentiment Classification with Deep Memory Network ［J］. arXiv preprint arXiv, 2016.
③ RUDER S, GHAFFARI P, BRESLIN J G. A Hierarchical Model of Reviews for Aspect－Based Sentiment Analysis ［J］. arXiv preprint arXiv, 2016.

式的学习，分别得到方面和上下文的表示，以此来提高情感分类的性能。①
Chen 等人提出了多注意力机制来捕获长距离的情感特征，并加强对抗不相关
信息的鲁棒性，提高了模型的表达能力。②

　　在 2018 年，Akhtar 等人提出利用平行语料库将学习双语的词嵌入，以减
少数据稀疏的影响，加强了模型在低资源场景下的学习能力。③ Hazarika 等
人考虑到目前大部分面向方面的情感分析任务上的方法都是利用方面及其上
下文的信息，但是都忽略了内部方面之间的依存关系，于是提出了对句子中
出现的方面的顺序关系进行建模，实现同时对一个句子中的多方面进行情感
分类。④ Ma 等人针对原来以词嵌入为基础的方法无法挖掘到一些潜在特征的
问题，提出了分层多层双向门循环单元（HMBi-GRU）来学习更抽象的语义
与情感特征，取得了更好的效果。⑤ He 等人将句法信息引入注意力机制中，
从而更好地学习特定方面与上下文之间的关系。⑥ He 等人在考虑到目前面向

①　MA D, LI S, ZHANG X, et al. Interactive Attention Networks for Aspect-Level Sentiment
　　Classification［J］. arXiv preprint arXiv, 2017.

②　CHEN P, SUN Z, BING L, et al. Recurrent Attention Network on Memory for Aspect
　　Sentiment Analysis［C］//Proceedings of the 2017 conference on empirical methods in
　　natural language processing. 2017：452-461.

③　AKHTAR M S, SAWANT P, SEN S, et al. Solving Data Sparsity for Aspect Based Senti-
　　ment Analysis Using Cross-Linguality and Multi-Linguality［C］//Proceedings of the
　　2018 Conference of the North American Chapter of the Association for Computational Lin-
　　guistics：Human Language Technologies（Volume 1：Long Papers）. 2018：572-582.

④　HAZARIKA D, PORIA S, VIJ P, et al. Modeling Inter-Aspect Dependencies for Aspect-
　　Based Sentiment Analysis［C］//Proceedings of the 2018 Conference of the North Ameri-
　　can Chapter of the Association for Computational Linguistics：Human Language
　　Technologies（Volume 2：Short Papers）. 2018：266-270.

⑤　MA D, LI S, WANG H. Joint Learning for Targeted Sentiment Analysis［C］//Proceed-
　　ings of the 2018 Conference on Empirical Methods in Natural Language Processing. 2018：
　　4737-4742.

⑥　HE R, LEE W S, NG H T, et al. Effective Attention Modeling for Aspect-Level
　　Sentiment Classification［C］//Proceedings of the 27th International Conference on Com-
　　putational Linguistics. 2018：1121-1131.

方面的情感分析中高质量的标注数据还不是很充足的情况下提出了两种方法，将高资源的文档级别的知识迁移到模型学习中，融入文档的文本知识使模型的训练更加充分。① Ma 等人考虑了领域知识的引入，将常识信息引入基于层次注意力机制的 LSTM 网络的端到端训练过程中，常识信息的引入加强了模型的学习能力，提高了模型的分类性能。②

在 2019 年，Sun 等人考虑到预训练语言模型 BERT 在面向方面的情感分析中效果不好，但在自然语言推理和阅读理解中能取得较好效果的情况下，提出了两种构造辅助句的方法，将面向方面的情感分析任务转化为句子对的分类任务，并获得很大的提高。③ Chen 等人尝试将胶囊网络（Capsule Network）用到面向方面的情感分析中，提出了转化胶囊网络（TransCap），对问题进行建模，同时引入文档级别的信息，取得了较好的效果。④ Tang 等人分析了目前注意力机制在面向方面情感分析中的缺陷，即注意力机制会过多关注高频的带有情感倾向的词而忽略低频词，提出了渐进式的自监督注意力学习方法，通过掩码覆盖一些高频词进行迭代学习，在基准模型中用这种学习方法取得了更好的效果。⑤ Lei 等人受到人类阅读的启发，提出了类人语义感知网络（HSCN），设计了词级互动感知模块获取上下文和特定方面之间的相关性，设计了目标感知语义蒸馏模块来获取特定方面的上下文表示，设计了

① HE R, LEE W S, NG H T, et al. Exploiting Document Knowledge for Aspect-Level Sentiment Classification [J]. arXiv preprint arXiv, 2018.

② MA Y, PENG H, CAMBRIA E. Targeted Aspect - Based Sentiment Analysis via Embedding Commonsense Knowledge into an Attentive LSTM [C] //Thirty-Second AAAI Conference on Artificial Intelligence. 2018.

③ SUN C, HUANG L, QIU X. Utilizing BERT for Aspect-Based Sentiment Analysis via Constructing Auxiliary Sentence [J]. arXiv preprint arXiv, 2019.

④ HEN Z, QIAN T. Transfer Capsule Network for Aspect Level Sentiment Classification [C] //Proceedings of the 57th Annual Meeting of the Association for Computational Linguistics. 2019: 547-556.

⑤ TANG J, LU Z, SU J, et al. Progressive Self-Supervised Attention Learning for Aspect-Level Sentiment Analysis [J]. arXiv preprint arXiv, 2019.

语义偏差度量模块度量特定上下文与特定方面之间的语义偏差，分别对应于人类阅读理解的三个过程，为面向方面的情感分析提供了新的思路。①

总结近三年的面向方面的情感分析，研究人员主要从对输入的改进（改变方面的表示等）、对注意力机制的改进（正则化、使用掩码等）、转换任务（句子对的分类任务等）、使用其他网络结构（记忆网络、胶囊网络）以及引入额外信息（文档级别的信息、句法信息、词典信息等）几方面提高了网络的学习能力，在面向方面的情感分析中取得了阶段性的成果。

但是上述方法并不能直接移植到面向"一带一路"的情感倾向性分析中。首先，面向的样本数据集不同，前述方法多是面向评论数据集，与"一带一路"的样本集对比，其在内容形式、表示方式上都有大的差异。其次，改进策略不一定适用，上述方法大多在模型结构上进行改变，但是在本研究中，"一带一路"的领域知识理论上能对效果提升起到更大的作用。此外，上述方法虽然是细粒度的情感分析，但是大部分是面向目标或者面向方面的，其在研究粒度上还无法达到本研究想要的效果。

（三）社交媒体评价词抽取研究

自评价词抽取问题提出 10 多年以来，文献中已经出现了许多方法和模型，从最开始的基于频率的方法到近年来的基于深度学习的方法，评价词抽取的性能获得了不同程度的提升，但是算法的运行速度与适用领域也各有不同。下面对三个大类的方法进行综述。

1. 基于频率的方法

由于评价词往往是评论文本中的形容词和形容词性短语，而人们在对产品或新闻事件进行评论时，描述评价对象的用语较为集中且在语料中频繁出

---

① LEI Z, YANG Y, YANG M, et al. A Human-Like Semantic Cognition Network for Aspect-Level Sentiment Classification ［C］//Proceedings of the AAAI Conference on Artificial Intelligence. 2019, 33：6650-6657.

现，基于此假设提出了基于频率的抽取方法，即通过频率统计方法抽取评论文本中的评价词。Hu 等最早使用关联规则方法识别评价词，对于频繁评价词，首先将产品评论文本中的名词或名词性短语看作候选评价对象，然后利用关联规则算法抽取频繁评价词，之后，利用剪枝方法进行评价词的筛选；对于非频繁的评价词，选取离评价对象位置最近的形容词或形容词性短语作为评价词。这种方法简单易行，F 值达到 80%。学者们设法寻找评价词的词频、评价文本的语法语义等特点，通过总结相关规律以提高准确率和召回率。① Popescu 等利用点互信息（Point-wise Mutual Information，PMI）技术评估每个候选评价词，从而剔除那些可能的非评价词②，在相同的数据集上，较文献的方法在准确率上提高了 6%。因为该算法通过计算候选评价词和产品类别指示词（Class-specific discriminator）之间的 PMI 值，所以需要事先知道产品类别信息。同时该方法需要借助搜索引擎，所以会耗费额外的时间开销。Blair-Goldensohn 等结合句法模板、相对词频和情感词等进行评价词的抽取和筛选。例如，在句法模板方面，如果形容词后面是名词或名词性短语，则该名词或名词性短语很可能是评价词。③ Scaffidi 等假设评价词在产品评论中出现的频率要高于一般语料，提出了一种语言模型来解决产品评论文本评价词抽取问题。该方法基于统计模型，对于出现次数较多的评价词抽取效果较好，但对于出现次数不多的评价词效果不稳定，并且该实验仅度量了准确

① HU M Q, LIU B. Mining and Summarizing Customer Reviews [C] //Proceedings of the 10th ACM SIGKDD International Conference on Knowledge Discovery and Data Mining. Seattle, USA：ACM, 2004：168-177.

② POPESCU A M, ETZIONI O. Extracting Product Features and Opinions from Reviews [C] //Proceedings of the 2005 Conference on Human Language Technology and Empirical Methods in Natural Language Processing. Vancouver, Canada：Association for Computational Linguistics, 2005：339-346.

③ BLAIR-GOLDENSOHN S, HANNAN K, MCDONALD R, et al. Building a Sentiment Summarizer for Local Service Reviews [C] //Proceedings of the 2008 WWW Workshop on NLP in the Information Explosion Era（NLPIX 2008）. Beijing, China：ACM, 2008：339-348.

率，对召回率情况并无描述。①

但频繁的评价词，容易引入较多噪音（非评价词），例如，人们生活中的常用语，造成准确率不高；对非频繁的评价词的抽取，容易出现评价对象缺失和远距离评价词的情况，造成召回率不高。

2. 基于模板规则的方法

基于模板规则的评价词抽取方法通过观察评价词特有的位置信息或评价词与评价对象之间的句法或语法关系，然后构建词形模板、词性模板、依存关系模板或语义角色模板等进行评价词抽取。该类方法的优点在于抽取的准确率较高，缺点是需要事先准备好评价对象集合。此外，模板规则的制定、规则匹配的先后顺序和冲突问题也是基于模板规则方法的难点。Zhuang 等在训练语料中使用 Stanford Parser 进行依存句法分析，根据评价词和评价对象抽出频率较高的依存关系模板，然后使用预先定义好的评价词和评价对象列表，结合依存关系模板对电影评论文本进行｛特征—观点｝对抽取。② Jakob 等在 Popescu A M 基础上，改进了现有的指代消解技术，来提高评价词抽取的准确率。③ 宋晓雷等对汽车评论语料进行挖掘，提出一种针对特定领域的无须借助外部资源的评价词抽取方法，该方法使用词性和词形模板、模糊匹配和剪枝法得到候选评价词，然后使用双向 Bootstrapping 方法筛选出评价词，

---

① SCAFFDI C, BIERHO K, CHANG E, et al. Red Opal：Product－Feature Scoring from Reviews ［C］//Proceedings of the 8th ACM Conference on Electronic Commerce (ACMEC 2007) . San Diego, USA：ACM, 2007：182-191.

② ZHUANG L, JING F, ZHU X Y. Movie Review Mining and Summarization ［C］//Proceedings of the 15th ACM International Conference on Information and Knowledge Management. Arlington, Virginia, USA：ACM, 2006：43-50.

③ JAKOB N, GUREVYCH I. Using Anaphora Resolution to Improve Opinion Target Identication in Movie Reviews ［C］//Proceedings of the 2010 ACL Conference Short Papers. Uppsala, Sweden：Association for Computational Linguistics, 2010：263-268.

最后使用 K 均值算法区分产品名称和产品属性。① 该方法简单易行，特别在新领域语料不充分的情况下处理海量在线产品评论具有重要研究意义。模板规则的构建通常受限于相似领域，存在领域迁移困难的问题。

3. 基于图论的方法

基于图论的评价词抽取方法考虑了评价对象和评价词之间的关系，其基本流程如下：将形容词或形容词性短语加入候选评价词集，把名词加入候选评价对象集；采用依存句法分析器或词对齐模型等技术捕获候选评价词和候选评价对象之间的关系，把候选评价词和候选评价对象作为顶点，候选评价对象与候选评价词之间的关系作为连边，构建一个异构图；在图上使用协同排序（Co-ranking）算法计算得到候选项（候选评价词和候选评价对象）的置信度，置信度较高的项往往就是正确的评价词或评价对象。Liu 等最早使用基于图论和词对齐模型进行评价词抽取。通过词对齐模型挖掘候选评价词和候选评价对象之间的关系；使用基于图论的方法对候选评价词进行评分，选取评分较高的作为最终评价词。②

与以往的评价词抽取任务有所不同，在面向"一带一路"的评价词抽取任务中，会有以下五方面的困难与挑战。

第一，一词多义和多词同义现象。由于"一带一路"相关的概念、实体、事件的源头一般是中文形式，在世界范围的社交媒体中，会涉及翻译问题，其中便会出现翻译不同、简写、错拼等问题，影响评价词抽取结果。

第二，新词与专门术语的现象。"一带一路"是一个新鲜的、动态的框

① 宋晓雷，王素格，李红霞. 面向特定领域的产品评价对象自动识别研究 [J]. 中文信息学报，2010，24（01）：89-93.

② LIU K，XU L H，ZHAO J. Opinion Target Extraction Using Word-Based Translation Model [C] //Proceedings of the 2012 Joint Conference on Empirical Methods in Natural Language Processing and Computational Natural Language Learning. Jeju，the Republic of Korea：Association for Computational Linguistics，2012：1346-1356.

架，其中会有大量的新词与术语出现，这在自然语言处理中反映为未登录词表问题，会影响模型学习效果，因此在这类问题上基于统计的模型效果往往不好。

第三，复合评价词现象。在一句评论中存在多个评价词和由多个词语构成的评价词（复合评价词），如何能够准确地识别出评价词的边界，获得语义完整的评价词，成为新的挑战。

第四，隐式评价词现象。在评价句中，评价对象存在，但无明显的评价词存在时，如何根据上下文信息正确地找到与评价对象对应的评价词，是需要技术解决的问题。

第五，情感词识别难的现象。情感词典资源不丰富且质量不太高，导致对情感词的识别不准。

以往的方法为本项研究提供了重要参照，但并不能完全照搬。"一带一路"社交媒体舆情评价要求一套适用性的方法，解决以上各种独特的现象，也解决存在领域受限和精确度的限制问题。因此，本研究面向"一带一路"相关传播工作，提出了一种将规则匹配与句法结构和依存关系结合起来的评价词识别算法，这种方法克服了传统基于频率方法对数据的敏感性，同时并不受限于数据领域，与使用图论方法对比，本研究提出的方法不依赖于图构建算法和协同排序，准确率较高。

（四）社交媒体传播效果评价研究

"一带一路"是一个具有丰富内涵的战略构想，对促进国家之间经济、政治、文化等多方面的交流具有重要意义。在涉及"一带一路"与国际传播议题的研究中，许多学者关注"一带一路"背景下中国武术、体育、汉语、旅游、中医药等中国文化的国际传播情况。如何能做到更好地将"一带一路"这一互利互惠的倡议传播至国际社会？这就需要我们对舆情的传播效果进行评价并分析，对促进传播、影响范围广的正面舆情加大传播力度。

　　现有研究针对"社会关系"做出了方法上的建构。Deroian 认为互动关系是知识传播的主要影响因素，建立了一个由相互作用人群组成的模型。① Andraw C. Inkpen 和 Eric W. K. Tsang 在 Deroian 的研究基础上，分析了社会关系维度如何影响网络成员之间的知识传播，并将社会关系维度与有利于知识传播的其他条件相结合，提出了一种知识传播模型。② 本研究更侧重研究社交网络中舆情信息传播的拓扑关系而不仅仅是社会关系维度，这样可以融合更多的节点信息和图结构信息，可以更好地从全图着眼去分析"一带一路"舆情信息传播效果的高低。

　　知识传播与人们的传播积极性与吸收能力有关。Guptaty 研究个体的传播积极性和吸收能力是影响知识传播的两个重要因素。③ Henrique 综合考虑了这两个因素，提出了一种用于知识获取的多智能体随机游走模型，并在网络模型上进行了验证，研究表明无标度网络具有更好的传播效果。④ 相比较之下，我们的评价模型在处理社交网络图的同时，还考虑了舆情信息的内容与条目的统计特征，更加关注了舆情信息本身。

　　Gabriel Szulanski 等人考虑了知识转移时机对转移效率的影响，将知识转移分为启动时期和实施阶段，发现传播者与接收者之间的关系对知识转移有重要影响。⑤ Jalili 认为信息级联是复杂网络中重要的动态过程，信息级联可

———————————

① DEROIAN F. Formation of Social Networks and Diffusion of Innovations［J］. Research Policy，2002，31（5）：835-846.

② INKPEN A C，TSANG E W K. Social Capital Networkers and Knowledge Transfer［J］. The Academy of Management Review，2005，30（1）：146-165.

③ GUPTA A K，GOVINDARAJAN V. Knowledge Flows within Multinational Corporations［J］. Strategic Manage，2000，21（4）：473-496.

④ ARRUDA H F D，SILVA F N，COSTA L D F. Knowledge Acquisition：A Complex Networks Approach［J］Jnf. Sci，2017：154-166.

⑤ SZULANSKI G，RINGOV D，JENSEN R J. Overcoming Stickiness：How the Timing of Knowledge Transfer Methods Affects Transfer Diflficulty［J］. Organization Science，2016，3：1-19.

以描述信息、知识等的传播动态。① 本研究关注的是较长一段时间内在 Twitter 上有关"一带一路"舆情信息传播的效果，较长的时间跨度使得知识转移时机的效用被稀释。

在国内，李纲、巴志超等人考虑不同个体知识自我增长与知识吸收能力，从知识转移效率角度分析了网络结构对知识扩散效果的影响，仿真结果表明具有无标度特征的科研网络更利于知识转移。② 他们的另一项研究表明知识主体具备适度的知识传播能力和吸收能力，能够提高知识的积累效应。③与此不同的是本研究更加关注的是当下全球用户数量最多的 Twitter 平台，对舆情内容传播效果的评价（可能会与关键节点和拓扑结构有关，因此引入对网络结构的分析）。

张毅超、李星等人的研究表明，受传者的学习积极性、知识吸收能力与人际关系等因素有关，并提出知识位势是决定知识扩散速度与广度的重要因素，研究表明网络中"出度—异质性"越高，则知识传播效果越好。④ 出度为图论中有向图上从一个节点出发能够有连接边指向的其他所有节点个数。在社交网络信息传播中，出度表示信息发出者所能直接影响到的其他接收者的个数。异质性在图论中表示在一幅连通图中节点的种类和边的种类不同，在社交网络信息传播中，则代表了知识传播者和知识受众的多样化。知识传播者的影响力越大（出度越大），影响到的知识接收者的种类越广（异质性越高），则知识传播的效果越好。但这部分工作只是探究了知识传播效果与

① MATJAZPERC J. Information Cascades in Complex Networks［J］. Journal of Complex Networks，2017，5：665-693.

② 李纲，巴志超. 科研合作超网络下的知识扩散演化模型研究［J］. 情报学报，2017，36（03）：274-284.

③ 李纲，巴志超，徐建. 知识吸收机制对知识增长绩效的影响研究［J］. 情报学报．2017，61（06）：5-12.

④ ZHANG Y，LI X，AZIZ-ALAOUI M A，et al. Knowledge Diffusion in Complex Networks［J］. Concurreney and Computation：Practice and experience，2017，29（3）.

这些因素的相关度，并没有具体地就这些因素对传播所起到的作用进行量化分析，适用性较低。

营销传播效果研究也对本项研究有一定启发。在对社交媒体品牌营销传播效果的研究中，比较有代表性的是 AISAS 模型。AISAS 模型包括以下 5 个环节：attention（注意）、interest（兴趣）、search（搜索）、action（行动）、share（分享）。朱喜安针对 AISAS 模型中的分享阶段，把微博营销过程中粉丝数量的变化作为重要指标之一，分析在营销过程中粉丝数量的变化是如何反映官方微博营销的影响力的，同时对营销效果进行评价。[①] 朱超以 AISAS 模型为基础，构建了企业微博营销短期效果的测量模型，并对新浪微博的 10 个典型企业微博营销案例进行实证研究，验证了模型的合理性。AISAS 的这些特征较为简单、鲁棒，适合作为统计指标特征进行传播效果评价。[②] 但是这些较早的工作都只考虑了统计特征，没有考虑情感倾向、文本内容、社交网络连接图结构等这些非线性的特征。

上述工作的启发性是多方位的。但是，既有方法的局限性也是非常明显的。首先，它们多半只能基于静态的舆情数据开展，传播效果的评价缺乏动态性；其次，大多不能聚焦特定的"一带一路"分析对象，传播效果的评价缺乏针对性；再次，分析过程复杂，以人工手段为主，难以指导实际传播工作；最后，从确定分析对象，到拿到分析结论，往往历时数周，甚至数月，传播效果的评价缺乏实时性。

本项研究在既有探索的基础上，聚焦于如何依托社交媒体，采用人工智能和自然语言处理技术，对"一带一路"倡议相关的概念、项目或事件，进行传播效果的自动评价。换言之，对于给定的"一带一路"倡议下的某项，

---

① 朱喜安，魏国栋. 摘值法中无量纲化方法优良标准的探讨［J］. 统计与决策，2015（02）：12-15.
② 朱超. 旅游微博营销效果研究［D］. 长沙：湖南师范大学，2015.

我们希望分析其传播效果的概念、项目或事件，本研究试图研究自动化的传播效果评价技术，探索开发智能的软件平台，给出分析结论。

第三节 本研究的主要内容

在研究对象方面，本研究主要围绕三个关键词来进行界定。

（1）面向"一带一路"：具体来说，是面向"一带一路"的国际传播任务。据不完全统计，截止到 2018 年 3 月底，海外纸媒关于"一带一路"的英文报道约 11 万篇，国际智库专题研究报告超过 200 个。至于互联网社交媒体上的舆情，数据量就更为海量。这是"一带一路"国际传播的文本表现，也是研究对象的主要数据库。

（2）面向社交媒体：传统媒体的舆论影响力与互联网社交媒体舆论影响力此消彼长。社交媒体在舆情走向、舆论扩散等方面的强大力量日益显现。随着网民数量的增加，社交媒体对民情、民意的影响力还将进一步增加。

（3）面向传播效果评价：探索在社交媒体上的传播效果的评价方法，特别是量化的自动评价方法，并应用于"一带一路"的国际传播工作实践，有利于在国际传播工作中及时发现问题、调整策略，吸取经验、扩大成绩。

本研究的目标在于，研究并提出一系列针对"一带一路"在社交媒体上的传播效果评价的技术方法，完成面向"一带一路"社交媒体样本集的分析、设计和构建，"一带一路"相关英文社交媒体倾向性分析模型的建立，"一带一路"相关评价词抽取算法和面向"一带一路"的国际传播效果评价方法等研究任务。

本研究所提出的一系列有针对性的模型和算法、所构建的专用数据集、所实现的专用原型工具，将有助于专家和决策者实时掌握"一带一路"的国际传播深度、广度和传播受众的真实反馈，从而有助于"一带一路"相关工作的健康运作和持续发展。

具体而言，本研究的评估方法设计在四方面展开。

（1）研究解决数据来源问题："一带一路"国际传播社交媒体样本集的分析、设计和构建。

（2）研究解决自动抽取情感极性问题：研究面向"一带一路"相关的社交媒体内容的倾向性分析模型。

（3）研究解决自动抽取评价要素问题：研究面向"一带一路"相关的社交媒体内容的评价词抽取算法。

（4）研究解决综合研判传播效果问题：研究基于社交媒体内容的"一带一路"国际传播效果评价模型。

按照这一研究思路，本书形成了主要的章节结构。（参见图1.1）

第一章为绪论，介绍了研究"一带一路"传播评价方法的意义、国内外研究进展以及研究对象、研究目标和主要研究内容。第二章面向"一带一路"社交媒体样本集的设计和构建，介绍"一带一路"的主要传播媒体、样本数据集的设计以及样本数据集的构建。第三章针对"一带一路"的英文社交媒体倾向性进行分析，介绍"一带一路"社交媒体细粒度情感分析的任务定义、模型构建以及系统和实验设计。第四章面向"一带一路"的评价词抽取方法，介绍"一带一路"社交媒体评价词抽取的任务定义、模型构建以及系统和实验设计。第五章面向"一带一路"国际传播效果评价模型，介绍了"一带一路"在社交媒体中的传播效果，构建了基于统计度量的传播效果评价模型以及基于观点挖掘的传播效果评价模型。第六章则为结论与展望，总结本研究的主要成果以及对未来工作的展望。

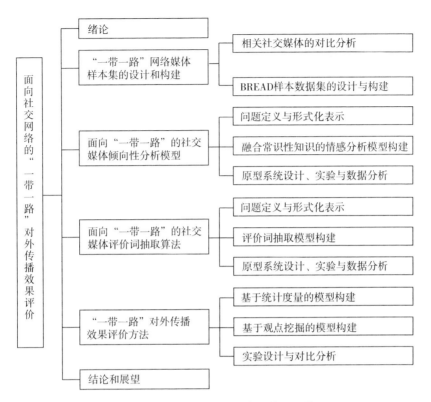

图 1.1 "一带一路"国际传播效果评价图

第二章

"一带一路"社交媒体
样本集的设计和构建

随着综合国力及国际地位的大幅提升，中国在塑造国际形象、做好国际传播方面，更为积极主动。未来，中国应从效果评估入手，改善国际传播理念和方式，提升互联网传播力和国际媒体影响力。"一带一路"相关传播工作不仅具有重要意义，而且成为提升中国国际传播能力的关键抓手。不过，"一带一路"的传播范围广泛、受众复杂，传播效果分析的难度很大。本项研究所关注的特定效果，体现在关于"一带一路"的信息、观点、意见、态度和情绪的言论集合之中，要对之进行评估，首先需要从中进行有代表性、有相关性的科学抽样。因此，为了科学地研究"一带一路"国际传播效果的评价方法，必须首先分析、设计并研制针对"一带一路"，具有一定规模的社交媒体样本集及其构建工具。

本章研究了"一带一路"相关概念、项目和事件在海外的传播特点，对相关社交媒体情况进行统计分析，进而选择有针对性的采集对象，设计专用的采集策略。它不仅为后续面向"一带一路"的细粒度情感倾向性分析、评价词的抽取等研究提供了必要的数据支撑，而且具备潜在的传播决策应用价值。传统的"一带一路"相关传播分析，大都依赖于手动构建的样本集，因而大都只能用于事后分析复盘，难以实时给出决策建议。本章研究工作及所形成的采集工具，能够实时地、有针对性地采集"一带一路"传播情况，可以为实际传播工作中的干预、调整等决策发挥支撑作用。

第一节 "一带一路"社交媒体样本集研究背景与现状

"一带一路"国际传播是政策本身在全球传播的需求，也是中国提升国际媒体影响力的需求。国内外媒体近几年对"一带一路"倡议的意图、政策手段、前景、影响等多方面展开了讨论。在面向"一带一路"的网络内容采集和分析任务中，近年来已有一些国内学者进行了一些相关研究。

周亭等对海外社交媒体上的"一带一路"舆情进行了大数据采集和分析。这项研究借助 Twitter 平台，搜集西方传统媒体（如 CNN、BBC 等）在社交媒体上的推文，了解这些媒体在南非等地形成的舆情状况。研究聚焦在传统媒体的 Twitter 账号上，这使得研究的数据较为有效和集中。不过也在一定程度上反映出，非新闻媒体的个人账号的推文数据采集仍然存在难点。[①]这也是国际传播研究者在进行海外舆情分析时普遍面临的难点，即传统媒体的言论分析易，个人账号的舆情分析难，无形中使得舆情掌控不能做到全面、系统。

计算机科学领域对社交媒体的数据采集做出了方法上的探索。房伟伟等人分析了传统采集方法的缺陷，针对如何实时、高效地获取 Twitter 数据，基于 Twitter List API 和 Lookup API，提出了一种用户数据采集方案。该方案通过对用户进行分类，进而精确控制 API 的调用频率。经超过 26 万 Twitter 用户和 600 万条消息的一系列实验证明，通过两套方案的结合可以实现 Twitter

---

① 周亭，杨钰，向雅琴. 关于南非媒体"一带一路"报道情况的研究［J］. 国际传播，2018（02）：23-32.

用户数据高效实时的获取。① 张振华等人分析了社交媒体数据的特点，提出了一种分布式社交媒体数据的处理方案，该方案采用 Storm 实时计算框架、Hadoop 批处理框架，并基于 Mongo DB 非关系型数据库实现高效水平扩展。然后，实现了基于 Twitter 流式数据的流感疫情可视化分析系统。该分布式方案的实验证明，支持 Twitter 流式数据的效果较好，处理和储存高效。② 徐凯等人设计了一套优良的采集系统，针对 Facebook 和 Twitter 进行数据收集，面向不同对象数据采集的 API 格式和第三方 SDK，对两个平台的授权协议的原理进行了分析。其中，Twitter 方面，基于 API 获取用户数据完成了数据采集，对 Tweet 转发格式先进行分析，然后预处理具体 Tweet，再借助正则表达式获得其转发关系，从而完成后续的实验。③ 这些研究将新型的网络数据采集技术（如网络爬虫等）应用到舆情分析之中，带来了直接的启发和参照。不过，相关研究没有聚焦在"一带一路"主题上，缺乏对"一带一路"相关网络内容特点的深入考虑，也缺乏针对传播效果评价的设计，其提供的技术手段还需进行有针对性的处理，方可对国际传播效果评估带来意义。

　　国际传播研究领域带来了关于"一带一路"效果的基本思考，而计算机舆情采集研究领域提供了可直接发展的方法体系与方法工具。因此，本项研究建立在两个领域的结合之上，一方面借鉴"一带一路"国际传播的理论研究，另一方面参考计算机舆情采集分析的方法探索，力图发展一套合理的数据采集方法。

---

① 房伟伟，李静远，刘悦，等 . Twitter 数据采集方案研究 ［J］. 山东大学学报（理学版），2012，47（05）：73-77.

② 张振华，吴开超 . 一种分布式 Twitter 数据处理方案及应用 ［J］. 计算机应用研究，2015（07）：159-163，177.

③ 徐凯 . 社交网络数据采集及传播路径分析 ［D］. 南昌：江西农业大学，2013.

第二节　"一带一路"国际传播中的主要社交媒体分析

互联网社交媒体在"一带一路"的国际传播工作中发挥着关键性的作用。纵览近年来全世界范围的舆论状况可以发现，各种传统媒体的舆论影响力与社交媒体舆论影响力此消彼长，社交媒体不仅成为传统媒体的新渠道、新平台、新触角，而且在舆情引爆、舆论扩散等方面日益显现了强大的力量。随着互联网用户的不断增加，社交媒体的影响力还将进一步扩大。以Facebook、Twitter、新浪微博等为代表的社交媒体平台因其用户规模、活跃度的持续增长，已经成了各个国家网民们讨论时事、发表言论的主要平台。虽然互联网号称跨越全球疆界，但由于政策规制、文化接近性、技术条件以及语言等因素，社交媒体的地域分布并不均衡。例如，新浪微博在中国国内及大中华文化圈影响力非常大，但主要适用于汉语使用者。再如，俄罗斯的社交媒体 VK（VKontakte）的影响力也局限于俄语圈。毋庸讳言，因为英语的全球首要通用语言地位，目前在全球范围内，英文社交媒体的舆论影响力更为广泛。在众多的英文社交媒体中，应该选择哪一个平台作为主要的数据采集来源？

本研究使用最有权威性的全球统计网站 StatCounter‒GlobalStats 对全球的英文社交媒体在 2018 年到 2019 年的使用情况进行基本的选择和判断。StatCounter 是一个网站流量分析工具，主要提供网页浏览器使用分布的信息，其中包括免费的基本方案与付费的进阶服务，另外 StatCounter 约被 3% 的网站采用，是一个常用的参考网站。

根据 2019 年 11 月的 GlobalStats 咨询统计报告，在全球范围内流量占据前三名的英文社交媒体分别是 Facebook、Pinterest 和 Twitter，之后则是 You-

Tube、Instgram、Reddit、Tumblr。（参见图 2.1）在排名前三位的社交媒体中，由于 Pinterest 是一个以图片为主要内容的分享类社交网站，少有文字信息，因此不适宜作为数据采集候选平台，就此排除。本章研究工作主要考虑 Facebook 和 Twitter，从中选择一个作为在"一带一路"国际传播效果评价中主要考虑的英文社交媒体。

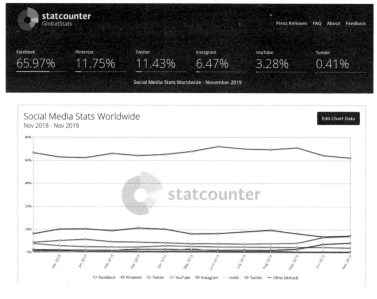

图 2.1　2018—2019 全球社交媒体流量统计

　　Facebook 是源于美国的社交网络服务及社会化媒体网站，较为广泛的译名是"脸书"（也有人译为"脸谱网"）。Facebook 用户除了发送文字消息，还可发送图片、影片、文档、贴图等多种媒体信息给其他用户。用户注册、登录后可以创建个人文件、加好友、传递消息，并在其他用户更新个人文件时获得自动通知，可以加入有相同兴趣的组群，这些组群依据工作地点、学校或其他特性分类。截止到 2019 年 3 月，Facebook 每日活跃用户人数平均值为 15.6 亿人，比去年同期增长 8%。截至 2019 年 3 月 31 日，Facebook 月度活跃用户人数为 23.8 亿人，比去年同期增长 8%。截至 2019 年 9 月，全球每月有超过 24.5 亿的月活跃用户（MAU），这时 Facebook MAU 同比增长 8%。相比之下，2019 年第一季度的 MAU 为 23.8 亿。

Twitter 是一个社交网站与微博客，通常译为"推特"。通常，用户更新不超过 140 个字符的推文信息，现除中文、日文和韩文已提高上限至 280 个字符，这些消息也被称作推文。这个服务是由杰克·多西在 2006 年创办并启动的。Twitter 在全世界众多国家成为最流行的社交平台，是互联网上访问量最大的前十个网站之一。Twitter 每天会处理约 20 亿的网络搜索请求，被形容为"互联网的短信服务"。网站的非注册用户可以阅读公开的推文，而注册用户则可以通过 Twitter 网站、短信或者各种各样的应用软件来发布消息。据 Twitter 现任首席执行官迪克·科斯特洛（Dick Costolo）宣布，截至 2018 年 3 月，Twitter 共有 3.36 亿活跃用户，这些用户每天会发表约 3.4 亿条推文。Twitter2019 年第一季度国际每月活跃用户（MAU）为 2.62 亿，较上一季度增长了 3%，Twitter 平均每月有 3.3 亿活跃用户，拥有 2.55 亿活跃国际用户。①

Twitter 已成为各国政府和国家元首的重要发言渠道，比如，美国前总统唐纳德·特朗普是 Twitter 上受关注最多的世界领导人。许多重要的全球议题也在 Twitter 上获得大量发布与讨论。分析表明，在 2017 年上半年，Twitter 平台上有 6.7 万条与"一带一路"相关的 Tweet 被发表，这一数字比 2016 年整年对应的数字还要大很多。在 Twitter 平台上，不仅活跃着包括来自各"一带一路"参与国和利益相关国的人群和团体，还有大量来自官方或官方机构，影响着"一带一路"线下传播的业内精英人士。因此，对 Twitter 上关于"一带一路"的推文进行分析，除了有利于真实刻画舆情脉络，还有利于提炼不同国家和地区、各种身份的用户在"一带一路"话题上的实际想法和兴趣热点。以此为依据，还有利于进一步为目前我国"一带一路"传播在社交

---

①　资料来源于 https：//developer. twitter. com.

媒体上的不足进行查缺补漏，然后不断完善和优化，形成以社交网络为平台的"一带一路"传播创新模式。

　　那么，在 Facebook 和 Twitter 中，应该选择哪一个？实际上，两者都能够为理解海外舆情提供重要参考。本研究针对"一带一路"主题的相关概念分别在 Facebook 和 Twitter 上进行了实验性的搜索和分析。我们发现，Twitter 上的相关行为和内容都更加丰富多样，而 Facebook 上相关话题则少得多。我们以"The Belt and Road"这个"一带一路"最频繁使用的译文之一作为搜索关键词，分别在 Facebook 和 Twitter 上进行搜索，可以发现在 Twitter 上的结果非常丰富，有官方媒体也有个人用户（参见图 2.2）。但是在 Facebook 上的相关结果很少。（参见图 2.3）究其原因，并非 Facebook 上无人讨论"一带一路"，而是受技术条件的影响。Facebook 目前数据接口 API 调用收紧，大量反爬虫机制的介入，这些技术因素造成了数据采集结果不佳。从方法的

图 2.2　Twitter 上搜索"一带一路"的结果

可操作性层面上讲，Twitter 平台上的相关数据更为可行，也更具有代表性。

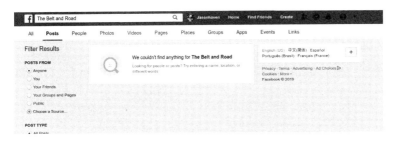

图 2.3 Facebook 上搜索"一带一路"的结果

本项研究进一步使用相近或相关的关键词在两个社交媒体平台上进行搜索、统计来加以验证。例如，除了使用"一带一路"的常用译名"The Belt and Road"，还使用了其他可能出现的译名，并选择了一些具体化的项目，例如，"中国高铁"（China Railway Express），甚至"匈牙利铁路"（Hungarian Railway）等。数据结果的确显示了两个社交媒体平台的技术条件带来的不同结果，可以明显看到 Twitter 上的相关内容比 Facebook 更丰富和复杂，更能提供本项研究所需的信息。（参见表 2.1）实验性数据搜集还提供了其他一些信息。初步分析显示，中国媒体的官方账号和 Twitter 用户个人账号发布了大多数"一带一路"相关报道。Twitter 平台在 2017 年上半年共发布了约 6.7 万条与"一带一路"相关的原创推文，而这一数字远远大于 2016 年整个年度的数量 1.8 万条。从数量上来说，初步分析显示，在 2017 年 2 月末之前的报道中，国外媒体谈及"一带一路"的相关报道（约 7300 篇）对比中国媒体的英文报道（约 4500 篇），总体数量多很多。但是，从影响力来说，通过推特官方平台具备的体现影响力程度的"TOP"模块，检索"The Belt and Road"这一关键词的话，可以发现推文中影响力较大的内容主要由中国主流媒体账号发布。例如，新华社（China Xinhua News）发布了介绍"一带一路"倡议推进的中亚铁路建设的视频信息，《人民日报》（*People's Daily*）则发布了介绍政府间合作框架的照片和文字报道等。

表 2.1　Twitter 和 Facebook 上"一带一路"相关查询词统计结果

查询词 / 社交媒体	Silk road economic belt	The Silk Road and the Belt	Belt and Road	China Railway Express	Hungarian Railway
Twitter	>200	>100	>500	>200	>100
Facebook	<20	<5	<10	<10	<20

　　除了技术因素，实验性的人工搜索还带来两个思考。第一，随着"一带一路"参与国增多，各国媒体的话题曝光显著增长，有更多的个人开始发布对于"一带一路"的个人看法，数据增多。而在 Facebook 平台上，并未能观察到类似的显著增长。第二，Twitter 降低了信息发布的门槛，使得各个阶层的用户都能够参与其中，因而具有身份结构更加多样化的特点。

　　基于以上统计和对比分析，在两个主要候选社交媒体平台（Facebook、Twitter）中，鉴于技术条件的可行性，以及"一带一路"相关内容上的使用情况和影响力，本研究认为 Twitter 作为"一带一路"社交媒体样本集的采集数据来源最为合适。当然，我们必须提前考虑到未来技术条件的变化。目前的采集技术根据 Twitter 平台的情况，设计了针对反采集技术的程序设计。如果 Twitter 今后同样加大技术力度限制数据自动采集，本项研究所使用的技术也必须进行调整，以便更好地获取所需数据。

第三节　"一带一路"社交媒体样本集的设计

　　本章研究并构建了质量较高且与"一带一路"相关性强的社交媒体样本

数据集，命名为"'一带一路'量化分析数据集 *BREAD*"（*Belt and Road Empirical Analysis Dataset*），已经发布在 Github（https：//github.com/jasonhavenD/ BREAD），公开使用。BREAD 数据集将为后续的网络倾向性分析和社交媒体评价对象以及评价词的抽取提供数据支撑，包括要基于这些数据分析内容特征、设计技术路线，开展实验和数据分析等工作。

一、BREAD 样本数据集内容设计

在面向"一带一路"的媒体数据方面，针对 Twitter 上的用户可分为普通用户和专业用户，普通用户对"一带一路"的了解有限，因此有用信息也较有限，与此同时，专业用户想表达的内容有可能无法在一个 140 字的推文中全部囊括，因此存在超链接的附加内容，这些"一带一路"的很多推文中附有网址链接，指向外部网站的文章。

初步的观察可以发现，Twitter 这一社交媒体上的普通用户存在显著特点，多数普通用户对"一带一路"了解不够深入，因此，更多用户倾向于转发别人的内容，尤其是转发权威账号的推文，而不是自己发布原创性的信息。用户在手机上简单地点点、操作几下，或是直接转发，或是加上少量几句评论，这样一条推文就能方便快捷地发布出来。人们"碎片化"的社交媒体使用时间，使得在新的媒体时代也产生了相应的"短、平、快"的阅读习惯。我们在设计 BREAD 样本集的时候，采取了相应的采集、抽样、抓取策略。

（一）BREAD 样本集的采集策略分析

这一样本集首先需要确定的是采集的关键词。在 Twitter 上，"一带一路"有两个最常用的英文对应译名。很多用户根据直译，将"一带一路"的英文称为"One Belt One Road"。2015 年 9 月，国家发改委会同外交部、商务部等部门对"一带一路"的英文译法提出了规范，要求在对外公文中，统一将

"丝绸之路经济带和 21 世纪海上丝绸之路"的英文全称译为"Silk Road Eco-nomic Belt and The 21st Century Maritime Silk Road"，而将其简称"一带一路"译为"Belt and Road"，英文缩写用"B&R"。除此之外，在一些相关项目和政策的推广中也存在多样性，还有可能将"一带一路"倡议称为"Belt and Road Initiative"。

总之，研究发现了三个关键词被频繁使用，分别是"Belt and Road""One Belt One Road""Belt and Road Initiative"。Twitter 是一个包容性极强的平台，用户可以使用"#"后加关键词的方式创建主题，这样，这三个关键词也就成为三个常见主题或常见标签。为了确保样本的精确性和无偏差，数据采集时将上述三个重点关键词着重采集，设置对应的采集数量更多，包含其中任一关键词的推文皆被列为研究对象。

"一带一路"倡议涵盖的国家众多，涉及的具体项目更多，与此同时，各个部门、各个省份也都出台了与之相关的政策与文件。所以，很多推文可能并没有直接使用这三个关键词，而是直接讨论下属的各个项目与政策，也就形成了一系列下属的查询词。我们进一步根据公开资料，找到建立样本库所需的更多查询词。我们观察了大量关于"一带一路"的网站，其中三个网站提供了基础性数据。

（1）"中国一带一路网"（https：//www. yidaiyilu. gov. cn）

这是由中国政府所办的"一带一路"倡议的官方网站，也提供了最重要和最权威的数据信息。这个网站提供了最重要的项目和政策查询词来源，不过，网站并没有做完整的列表，因此数据提取难度稍大。

（2）《南华早报》"一带一路"专题（https：//www. scmp. com/topics/belt-and-road-projects）

《南华早报》是香港销量最高的英语收费报纸。其中的"一带一路"模块提供了大量的新闻报道和资料汇总信息，这为本次以"一带一路"为主题的国外社交媒体影响分析提供了一个很好的数据来源，因此，选择在该网站搜集、采集项目查询词和政策查询词，为构建词表提供了数据来源和质量保证。

（3）"一带一路"倡议网（https：//www. beltroad-initiative. com/projects/）
Belt and Road Initiative 是一位外国的中国专家 Sebastian Ibold 所设立的网站，针对国外对象传播"一带一路"相关信息，有独立的 Twitter 账户（@ Belt_ Road_ China）系统整理"一带一路"的项目和国内外政策。无论是在翻译还是传播上都具有一定专业性，因此，这一网站也提供了重要参考。

最终通过观察和搜索大量的网页文章和相关网站，我们整理了两个查询词的汇总表格，一个是"一带一路"项目查询词词表，另一个是"一带一路"政策查询词词表。"一带一路"项目查询词词表提供了项目名称、国家和类型三个字段的信息，"一带一路"政策查询词词表提供了政策、时间和语言三个字段的信息（见表 2.5 和表 2.6）。

根据这三个网站，本研究找到了 116 个相关项目和 46 个相关政策，并将之设为搜索和查询的关键词。[①]

因此，经过慎重考虑和讨论，本研究将查询词分为三类，即重点查询词、相关项目查询词、相关政策查询词，分别包含 3、116、46 个查询词。（见表 2.2，详细查询词表见本章第四节）

---

① 值得注意的是，本书的主要研究是在 2019 年 3 月完成的，因此，目前关于项目及政策的查询词也截止到这一时间段。后来，本书还根据 2019 年 4 月 22 日发布的《共建"一带一路"倡议：进展、贡献与展望》进行了核实与参照，主要项目和政策并无增加。"一带一路"是一个动态的倡议，也就要求本方法在具体应用中，还需要根据实践的进展，不断补充新的项目与政策作为查询词，以便更好地捕捉动态变化。不过，本方法已经提供了基本的框架，仅需增加新的查询词即可进一步应用。

表 2.2 "一带一路"查询词词表

查询词类别	大小
重点查询词	3
相关项目查询词	116
相关政策查询词	46

（二）BREAD 样本集的检索及抽样方法

首先，根据"一带一路"领域知识人工设计的查询词，将其每个词作为一个关键词或者话题在 Twitter 中进行检索，然后进行半自动化的人工与规则的过滤筛选，对原始数据进行清洗、过滤等预处理。其次，进行数字编号，随机选择，构建人工标注训练集和测试集，其中训练集用于模型训练阶段，测试集用于模型性能测试阶段。

（三）BREAD 样本集的抓取方法

本研究中主要将数据采集的方法分为两部分，分别是基于查询词的推文采集和基于查询词的用户采集策略。基于查询词的推文采集是直接将查询词作为关键词进行检索，然后抓取全部的"一带一路"相关推文数据。基于查询词的用户采集策略分为两步，第一步将重点查询词作为关键词进行检索，选择排名靠前的 Top k 个用户，k 是一个人为设置的参数；第二步设置相关的推文数量限制和推文时间限制，在每个用户主页下检索"一带一路"相关推文数据。

（四）基于 BREAD 样本集的分析

除了对样本内容进行初步的定量和定性分析，本研究采用社会网络分析法验证样本数据的网络关系，并借助相关软件绘制社会网络图，进行相关性检验。具体方法包括三个步骤。

第一步是将搜集到的样本数据转化为关系矩阵，并对样本的类别进行编码。

第二步是将关系矩阵转化为关系网络。借助网络可视化分析软件 Net Draw，对矩阵进行处理，绘制出来的网络图中，每个节点代表一个类别，而节点之间的连线代表关系，即同时被提及的次数。连线越粗，表示同时出现的次数越多，关系也就越强。节点越靠近网络图中心，其所代表的类别与其他类别的关联就越多，"度中心性"就越高。

第三步是检验关系网络之间的相关关系。借助 Net Draw，采用二次指派程序来完成这一检验。若检验结果表明两个矩阵之间存在显著相关关系，则还需进行回归检验，通过计算 R2 系数，判断二者的因果关系。

二、BREAD 样本数据集的存储管理设计

数据持久化存储的形式主要有文件和数据库两种形式，本研究的工作需要采集的数据集规模比较大，要求存储形式便于读取和后续情感分析等工作，因此选用数据库形式存储数据。

BREAD 数据集规模比较大，要求存储形式便于读写，因此选用数据库形式存储数据。数据库的存储空间很大，可以存放百万条、千万条、上亿条数据。但是数据库按照一定规律将数据进行存放，具有高效的读写效率。

（一）BREAD 样本数据的特点

Twitter 上的推文是不超过 140 个字符的消息，可以是任意类型的文本字符，表情符号，特殊字符及各种语言形式的短小、复杂的文本，内容噪声较大。

关系型数据库按照结构化的方法存储数据，每个数据表都必须对各个字段定义好，好处是由于数据的形式和内容在存入数据之前就已经定义好了，数据表有较高的可靠性和稳定性，但是存在的问题是修改数据表的结构就会十分困难。而非关系型数据库采用的是动态结构，对数据类型和结构的改变非常适应，可以灵活改变数据库的结构。

因此本研究存储数据库选择采用非关系型数据库。

（二）基于非关系型数据库的设计方案

非关系型数据库指的是分布式的、非关系型的、不保证遵循 ACID 原则的数据存储系统。非关系型数据库技术与 CAP 理论、一致性哈希算法有密切关系。所谓 CAP 理论，简单来说就是一个分布式系统不可能满足可用性、一致性与分区容错性这三个要求，一次性满足两种要求是该系统的上限。而一致性哈希算法则指的是非关系型数据库在应用过程中，为满足工作需求而在通常情况下产生的一种数据算法，该算法能有效解决工作方面的诸多问题，但也存在弊端，即工作完成质量会随着节点的变化而产生波动，当节点过多时，相关工作结果就无法那么准确。这一问题使整个系统的工作效率受到影响，导致整个数据库系统的数据乱码，出错率大大提高，甚至会出现数据节点的内容迁移，产生错误的代码信息。尽管如此，数据库技术还是具有非常明显的应用优势，如数据库结构相对简单，在大数据量下的读写性能好，能满足随时存储自定义数据格式的需求，非常适用于大数据处理工作。

非关系型数据库适合追求速度和可扩展性，以及业务多变的应用场景。对非结构化数据的处理更合适，如信息检索、自然语言处理通常并不进行大规模的严格匹配，因此并不需要大量的结构化数据处理中的精确查询操作。而且，这类文本数据的存储规模往往是海量的，其信息体量的扩展往往也是不可能预期的。对非关系型数据库来说，其扩展能力几乎是无限的，所以非关系型数据库可以很好地满足这一类业务及其数据的存储管理。

目前非关系型数据库有四种分类，而无统一标准。

第一类，图形数据库存储。优点是可以方便地利用图结构相关算法进行计算，而缺点是要想得到结果必须进行整个图的计算。代表软件是 InfoGrid。

第二类，文档数据库存储。优点是对数据结构要求不严格；而缺点是查询性的性能不好，同时缺少一种统一查询语言。代表软件是 MongoDB。

第三类，列存储。优点是对数据能快速查询，数据存储的扩展性强；而缺点是数据库的功能有局限性。代表软件是 Hbase。

第四类，键值对存储（key-value）。优点是能够进行数据的快速查询，而缺点是需要存储数据之间的关系，代表软件是 Redis。

（三）基于非关系型数据库的 BREAD 样本数据集存储管理方案

本研究首先根据 2019 年 DB-Engines 的数据库排名，列出了各种可供采用的样本数据集存储管理方案（参见表 2.3），再通过比较选择可用的方案。

表 2.3　2019 DB-Engines Ranking

排名	数据库	数据库模型	得分
1	Oracle	Relational，Multi-model	1346.68
2	MySQL	Relational，Multi-model	1274.65
3	Microsoft SQL Server	Relational，Multi-model	1098.55
4	PostgreSQL	Relational，Multi-model	507.19
5	MongoDB	Document，Multi-model	426.97
6	IBM Db2	Relational，Multi-model	168.7
7	Elasticsearch	Search engine，Multi-model	151.44
8	Redis	Key-value，Multi-model	148.75
9	Microsoft Access	Relational	128.58
10	SQLite	Relational	122.14

DB-Engine 是一个数据库排名网站，它调研这些数据库在搜索引擎上被搜索的热度，相关搜索结果的数量，在 Stack Overflow/DBA Stack Exchange 中讨论的数量，相关工作岗位信息，以及一些社交网站上的相关度信息。

通过对比关系型数据库和非关系型数据库的特点和应用场景，根据 DB-Engines Ranking 最新的数据库排名结果，在本研究任务中，结合选择关系型数据库 MySQL 和非关系型数据库 MongoDB 来存储数据，结构化的数据用关系型数据库存储，结构不固定的、内容噪声较大的数据采用非关系型数据库存储，这样可以兼顾数据和数据库的特点以达到数据集可用的最好效率。

针对本研究需要，为后续进一步分析处理，设计出适用的数据存储结构（见图2.4）。

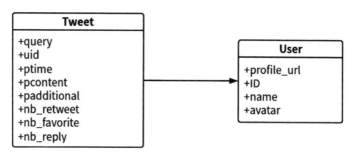

图2.4 推文类和用户类的数据存储结构

在这个方案中，我们设置了数据表字段及其基本释义。（见表2.4）

表2.4 数据表字段解释

表名	字段	释义
Tweet	Query	查询词
	Uid	用户id
	Ptime	推文时间
	Pcontent	推文内容
	Padditional	推文其他内容
	Nb_ retweet	转推数量
	Nb_ favorite	喜欢数量
	Nb_ replay	回复数量
User	Profile_ url	个人主页
	Id	用户id
	Name	昵称
	Avatar	头像

第四节 "一带一路"社交媒体样本集的构建与专用工具研究

通过研究分析，本章针对 Twitter 的数据采集提出两种可行的策略，以实现数据集构建任务，一种是基于查询词的推文采集，另一种是基于查询词的用户采集。查询词是通过"一带一路"相关网址中获取的总结的相关专业项目名词，将这部分词汇作为词表以文件的形式存储，目前共有 3 个重要查询词、116 个项目查询词、46 个政策查询词。

其中，基于查询词的推文采集是根据"一带一路"查询词表在 Twitter 上搜索相关主题的固定规模推文，然后整理清洗后保存到数据库中；基于查询词的用户采集是根据"一带一路"查询词表在 Twitter 上搜索相关的大 V 用户，然后在他们的主页中采集固定时间段内的推文数据，然后整理清洗后保存到数据库中。

一、BREAD 样本数据集的构建技术

在 Twitter 上以"一带一路"为主题，可按一个固定的爬取流程进行数据采集。（见图 2.5）

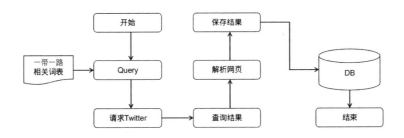

图 2.5 "一带一路"相关主题词在 Twitter 上的爬取流程

　　进行数据采集之前，先准备查询词，构建查询词表。除了三个基本查询词"Belt and Road""One Belt One Road""Belt and Road Initiative"，本项研究还根据"一带一路"的实际情况，分别构建了具体的项目查询词（见表2.5）和政策查询词（见表2.6）。

表2.5　"一带一路"项目查询词词表

项目	国家	类型
Padma Rail Link	Bangladesh	Transport
Lower Sesan Two Hydropower Dam	Cambodia	Energy
Central Asia–China gas pipeline	Multiple	Energy
Doraleh Multi–Purpose Port	Djibouti	Tranport
Europe–China– Rail Link I & II	Multiple	Transport
Khorgos Gateway Dry Port	Kasakhstan	Transport
Mombasa Nairobi Standard Gauge Railway SGR	Kenya	Transport
Forest City	Malaysia	Urban
Melaka Gateway	Malaysia	Urban
Pakistan–China– Fiber Optic Project	Multiple	ICT
Diamer–Bhasha Dam	Pakistan	Energy
Gwadar Port	Pakistan	Transport
Belgrade–Montenegro Bar Port Motorway	Serbia	Transport
Sino–Thai– High–Speed Railway	Multiple	Transport
Colombo South Harbour	Sri Lanka	Transport
Port City Colombo	Sri Lanka	Urban
Hambantota Port	Sri Lanka	Transport
Single Gauge Trans–Asian Railway	Multiple	Transport
Karuma Hydropower Project	Uganda	Energy
Pap Angren Railway	Uzbekistan	Transport
Budapest–Belgrade Railway	Multiple	Transport

续表

项目	国家	类型
Yamal LNG Project	Russia	Energy
Tehran–Mashhad Railway	Iran	Transport
Lagos–Calabar Railway	Nigeria	Transport
Lagos–Kano Railway	Nigeria	Transport
Chad–Cameroon & Chad–Sudan Railway	Chad	Transport
Abuja Rail Mass Transit Phase II	Nigeria	Transport
Addis Ababa Light Rail	Ethopia	Transport
Benguela Railway	Angola	Transport
Abuja–Kaduna Railway	Nigeria	Transport
Khartoum–Port Sudan Railway	Sudan	Transport
Djibouti–Ethiopia Railway	Multiple	Transport
Vientane–Boten Railway	Laos	Transport
Savannakhet–Lao Bao Railway	Laos	Transport
Bangkok–Nong Khai Railway	Thailand	Transport
Bangkok–Chiang Mai Railway	Thailand	Transport
Kuala Lumpur–Singapore High Speed Rail	Multiple	Transport
Jakarta–Bandung Railway	Indonesia	Transport
East Coast Railway	Malaysia	Transport
Gemas–Johor Bahru Railway	Malaysia	Transport
Dawei Port	Myanmar	Transport
Gujarat Rural Roads (MMGSY) Project	India	Transport
Nurek Hydropower Rehabilitation Project	Tajikistan	Energy
Batumi Bypass Road Project	Georgia	Transport
Natural Gas Project	Bangladesh	Energy
Trans Anatolian Natural Gas Pipeline Project	Azerbaijan	Energy
Duqm Port Commercial Terminal and Operational Zone	Oman	Transport

续表

项目	国家	类型
Tarbela 5 Hydropower Extension Project	*Pakistan*	*Energy*
M4 Motorway	*Pakistan*	*Transport*
Dushanbe−Uzbekistan Border Road Improvement	*Tajikistan*	*Transport*
Nenskra Hydropower Plant	*Georgia*	*Energy*
Amaravati Sustainable Capital City	*India*	*Urban*
Madhya Pradesh Rural Connectivity Project	*India*	*Transport*
Mumbai Metro Line 4	*India*	*Transport*
Gulshat 40 MW PV Solar Power Plant	*Kazakhstan*	*Energy*
Sahiwal 2×660MW Coal−fired Power Plant	*Pakistan*	*Energy*
Hydro China Dawood 50MW Wind Farm	*Pakistan*	*Energy*
UEP 100MW Wind Farm	*Pakistan*	*Energy*
Sachal 50MW Wind Farm	*Pakistan*	*Energy*
Thar Mine Mouth Oracle Power Plant	*Pakistan*	*Energy*
Peshawar−Karachi Motorway	*Pakistan*	*Transport*
Havelian Dry Port	*Pakistan*	*Transport*
Gwadar International Airport	*Pakistan*	*Transport*
Myitsone Dam	*Myanmar*	*Energy*
Balloki Power Plant	*Pakistan*	*Energy*
Gadani Power Project	*Pakistan*	*Energy*
Hakla−Dera Ismail Khan Motorway	*Pakistan*	*Transport*
Khunjerab Railway	*Pakistan*	*Transport*
M5 Motorway	*Pakistan*	*Transport*
M8 Motorway	*Pakistan*	*Transport*
Matiari−Lahore Transmission Line	*Pakistan*	*Energy*
Orange Line Lahore Metro	*Pakistan*	*Transport*
Pak−China Technical and Vocational Institute	*Pakistan*	*Education*

续表

项目	国家	类型
Pakistan Port Qasim Power Project	*Pakistan*	*Energy*
Quaid-e-Azam Solar Park	*Pakistan*	*Energy*
Karakoram Highway	*Pakistan*	*Transport*
Sahiwal Coal Power Project	*Pakistan*	*Energy*
Suki Kinari Hydropower Project	*Pakistan*	*Energy*
Nigcomsat Satellites	*Nigeria*	*Space*
MNC Lido City	*Indonesia*	*Tourism*
Harare Airport Expansion	*Zimbabwe*	*Transport*
Gilgit KIU Hydropower	*Pakistan*	*Energy*
Cacho 50MW Wind Power Project	*Pakistan*	*Energy*
Rahimyar Khan Power Plant	*Pakistan*	*Energy*
Kohala Hydel Project	*Pakistan*	*Energy*
Phandar Hydropower Station	*Pakistan*	*Energy*
Karachi Circular Railway	*Pakistan*	*Transport*
Greater Peshawar Mass Transit	*Pakistan*	*Transport*
Quetta Mass Transit	*Pakistan*	*Transport*
Keti BUnder Sea Port Project	*Pakistan*	*Transport*
Rashakai Economic Zone	*Pakistan*	*SEZ*
Dhabeji Special Economic Zone	*Pakistan*	*SEZ*
Bostan Industrial Zone	*Pakistan*	*SEZ*
Allama Iqbal Industrial City	*Pakistan*	*SEZ*
ICT Model Industrial Zone	*Pakistan*	*SEZ*
Mirpur Special Economic Zone	*Pakistan*	*SEZ*
Mohmand Marble City	*Pakistan*	*SEZ*
Moqpondass Special Economic Zone	*Pakistan*	*SEZ*
Bar-Boljare Motorway (Section of European Motorway XI)	*Montenegro*	*Transport*

续表

项目	国家	类型
Haifa Port	*Israel*	*Transport*
Port of Piraeus	*Greece*	*Transport*
Kumport Terminal	*Turkey*	*Transport*
Suez Canal Economic Zone	*Egypt*	*SEZ*
Kyaukpyu Deep Sea Tanker Port	*Myanmar*	*Transport*
Kyaukpyu Special Economic Zone	*Myanmar*	*SEZ*
Port Aktau	*Kazakhstan*	*Transport*
"Khorgos – Eastern Gate"	*Kazakhstan*	*SEZ*
Khalifa Port Terminal 2	*UAE*	*Transport*
Greater Peshawar Region Mass Transit	*Pakistan*	*Transport*
Dhaka–Chattogram Rail Route	*Bangladesh*	*Transport*
Kuala Tanjung Port	*Indonesia*	*Transport*
Kayan River Hydropower Plant	*Indonesia*	*Energy*
Lake Toba Tourism District	*Indonesia*	*Urban*
International Airport Lembeh	*Indonesia*	*Transport*
Dammam Riyadh Freight Line	*Saudi Arabia*	*Transport*
Hassyan Clean Coal Project	*Saudi Arabia*	*Energy*

表 2.6 "一带一路"政策查询词词表

文档	年份	语言
Five–Year Plan of Action on Lancang–Mekong Cooperation	*2018*	*English*
China's Arctic Policy	*2018*	*English*
Shaanxi's Action Plan for the Belt and Road Construction	*2018*	*Chinese*
Qinghai's Development and Action Plan of Silk Road Cultural Industrial Belt	*2018*	*Chinese*
Action Plan on Development of Belt and Road Sports Tourism	*2017*	*Chinese*

续表

文档	年份	语言
Asian Infrastructure Investment Bank Articles of Agreement	*2017*	*English*
Building the Belt and Road Concept Practice and China's Contribution	*2017*	*English*
China's Policies on Asia-Pacific Security Cooperation	*2017*	*English*
Development Plan of China-Europe Freight Train Construction	*2017*	*Chinese*
Education Action Plan for the Belt and Road Initiative	*2017*	*English*
Five-Year（2016-2020）Action Plan for Chengdu to Integrate with the Belt and Road Initiative	*2017*	*Chinese*
Guidelines on Construction of China-Mongolia-Russia Economic Corridor	*2017*	*Chinese*
Guidance on Promoting Green Belt and Road	*2017*	*English*
Guiding Principles on Financing the Development of the Belt and Road	*2017*	*English*
Hebei's Education Action Plan for Jointly Building the Belt and Road Initiative	*2017*	*Chinese*
Henan's Implementation Plan for Participating in the Building of the Belt and Road Initiative	*2017*	*Chinese*
Henan's Subject Plan for Development of the Zhengzhou-Luxemburg Air Silk Road	*2017*	*Chinese*
Initiative on Promoting Unimpeded Trade Cooperation along the Belt and Road	*2017*	*English*
Joint communique of leaders roundtable of Belt and Road forum	*2017*	*English*
MOU Between the UN Economic Commission for Europe and the NDRC	*2017*	*English*
Ministry of Culture's Action Plan on Belt and Road Culture Development	*2017*	*Chinese*
Regulations of Belt and Road Scholarship Project for Foreign Students in Beijing	*2017*	*Chinese*

续表

文档	年份	语言
Shanghai's Action Plan for Serving the Belt and Road Construction	*2017*	*English*
Special Plan on Advancing Cooperation of Science and Technology Innovation in the Belt and Road Construction	*2017*	*Chinese*
Supreme People's Court's Opinions on the People's Courts' Providing of Judicial Services and Guarantee for the Construction of the Belt and Road	*2017*	*Chinese*
The Belt and Road Ecological and Environmental Cooperation Plan	*2017*	*Chinese*
The Belt and Road Vision and Actions for Cooperation in Metrology	*2017*	*English*
Xinjiang's Construction Plan for Development of a Transport Center on the Silk Road Economic Belt from 2016 to 2030	*2017*	*Chinese*
Zhejiang's Plan for Ningbo Belt and Road Comprehensive Pilot Zone	*2017*	*Chinese*
Vision and Actions on Energy Cooperation in Jointly Building Silk Road Economic Belt and 21st - Century Maritime Silk Road	*2017*	*English*
Belt-Road Initiative to guide China-Mongolia win-win cooperation	*2016*	*English*
China's Arab Policy Paper	*2016*	*English*
China's BeiDou Navigation Satellite System	*2016*	*English*
EU Parliament OBOR Briefing	*2016*	*English*
Implementation Plan for Hunan to Integrate with the Belt and Road Initiative	*2016*	*Chinese*
Guangdong's Implementation Plan for Participating in the Belt and Road Initiative	*2016*	*Chinese*
Guangxi's Approach and Actions on Participating in the Building of the Silk Road Economic Belt and 21st Century Maritime Silk Road	*2016*	*Chinese*

续表

文档	年份	语言
Jiangxi's Implementation Plan for Participating in the Building of the Silk Road Economic Belt and 21st Century Maritime Silk Road	*2016*	*Chinese*
Quanzhou's Action Plan for Building a Pilot Zone for the 21st Century Maritime Silk Road	*2016*	*Chinese*
The Riga Guidelines for Cooperation between China and Central and Eastern European Countries	*2016*	*English*
The 13th Five-Year Plan for Economic And Social Development of the People's Republic of China	*2016*	*English*
The Plan for Building Fujian into the Core Area of the 21st-Century Maritime Silk Road	*2015*	*English*
The Suzhou Guidelines for Cooperation between China and Central and Eastern European Countries	*2015*	*English*
Vision for Maritime Cooperation under the Belt and Road Initiative	*2017*	*English*
List of Deliverables of the Belt and Road Forum for International Cooperation	*2017*	*English*

（一）定向采集技术

定向采集技术也被称为采集工具，采集工具是一个自动下载网页的计算机程序，是搜索引擎的重要组成部分。采集工具通常从一个网络地址种子集合开始，将这些网络地址放到一个有序的待爬行队列里，按照一定的顺序从中取出并下载页面，分析页面内容，提取新的网络地址并存入待遍历网络地址队列中，如此重复上面的过程，直到 URL 队列为空或满足某个终止条件。该过程称为网络采集或网络爬行。

按照系统结构和实现技术，网络采集器（Web Crawler）大致可以分为以下四种类型：通用网络采集器（General Purpose）、增量式网络采集器（Incremental Crawler）、深层网络采集器（Deep Crawler）和聚焦网络采集器

（Focused Crawler）。通常将若干种采集器技术进行结合实现实际的网络采集系统。本研究采用了通用网络采集器、聚焦网络采集器和增量式网络采集器结合的设计。

一般通用意义上的网络采集器无法直接用于本研究的数据采集工作，缺乏针对性。因此，参照网络采集器的类型体系，借鉴其中实现原理和采集策略，本研究设计了具有针对性的面向"一带一路"采集的 Twitter 网络采集器，涉及的技术有 Scrapy 框架、反采集与应对策略、多线程并发技术等。

1. 通用网络采集器

通用网络采集器主要为门户站点搜索引擎和大型 Web 服务提供商采集数据，又称全网采集器（Scalable Web Crawler），这类采集器的范围广，数量巨大，对速度和存储空间要求高。通用网络采集器会采取一定的遍历策略，常用的遍历策略有深度优先策略、广度优先策略。遍历对象从一些种子 URL 扩充到整个 Web。这种采集器对页面的顺序要求相对较低，同时由于待刷新的页面太多，通常采用并行工作方式。

2. 聚焦网络采集器

和通用网络采集器相比，聚焦采集器只需要遍历与主题相关的页面。聚焦网络采集器选择性地遍历那些与预先定义好的主题相关页面的网络采集器，因此，保存的页面数量少、更新快，极大地节省了硬件和网络资源。

3. 增量式网络采集器

增量式网络采集器能够在一定程度上保证所遍历的页面是尽可能新的页面。一般对已下载网页采取增量式更新，或者只遍历新产生的或者发生变化的网页。因此，增量式采集器只会在需要的时候遍历新产生或发生更新的页面，不重新下载没有变化的页面，有效减少下载量。

（二）Scrapy 采集框架

Scrapy 是基于 Python 开发的一个快速、高层次的抓取框架，用于采集网站数据，提取结构性数据的 Web 应用，可以抓取 Web 站点并从页面中提取结构化的数据。Scrapy 可以用于数据挖掘、监测和自动化测试，也可以应用在包括数据挖掘、信息处理或存储历史数据等一系列的程序中。①

下图展现了 Scrapy 的架构，包括组件及在系统中发生的数据流的概览（见图 2.6，如箭头所示）。

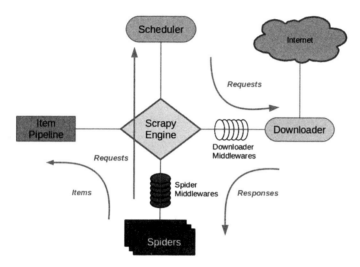

图 2.6 Scrapy 架构图

1. 采集器（Spiders）：Scrapy 用户编写用于分析响应并提取条目或额外跟进的网络地址的自动程序。

2. 条目流水线（Item Pipeline）：处理被采集器提取出来的条目。典型的处理有清理、验证及持久化作用。

3. 下载器（Downloader）：获取页面数据并提供给引擎，再提供给采集器。

4. Scrapy 引擎（Scrapy Engine）：控制数据流在系统所有组件中流动并在

① 资料来源于 https：//scrapy-chs. readthedocs. io/zh_ CN/latest/intro/overview. html.

相应动作发生时触发事件。

5. 调度器（Scheduler）：从引擎接受请求并使他们入队，以便之后引擎请求他们时提供给引擎。

6. 采集器中间件（Spider Middlewares）：在引擎及采集器之间的特定钩子（specific hook），处理采集器的输入（响应）和输出（条目及请求）。

7. 下载器中间件（Downloader Middlewares）：在引擎及下载器之间的特定钩子，处理 Downloader 传递给引擎的响应。其提供了一个简便的机制，通过插入自定义代码来扩展 Scrapy 功能。

Scrapy 中的数据流由执行引擎控制，其具体过程：引擎打开一个网站，找到处理该网站的采集器并向该采集器请求第一个要爬取的网络地址；引擎从采集器中获取第一个要爬取的网络地址并向调度器请求调度；引擎向调度器请求下一个要爬取的网络地址；调度器返回下一个要爬取的网络地址给引擎，引擎将网络地址通过下载中间件转发给下载器；一旦页面下载完毕，下载器生成一个该页面的响应，并将其通过下载中间件方向发送给引擎；引擎从下载器中接收到响应并通过采集器中间件发送给采集器处理；采集器处理响应并返回爬取到的 Item 及新的请求给引擎；引擎将爬取到的 Item 给 Item Pipeline，将请求给调度器；重复直到调度器中没有更多的请求。

（三）反采集与应对策略

非搜索引擎采集器会导致一些问题。第一，采集器的访问速度要远高于正常人类，占用更多的服务器资源，甚至影响其他正常用户对目标网站的访问速度，导致网络拥堵。第二，网站的内容是网站提供商的收益来源，网络供应商出于保护数据的目的，不希望自己的网站被非搜索引擎之外的采集器访问。因此许多网站建立了反采集机制来抵抗网络采集器。

反采集机制（Anti-Spider），即一系列反采集措施的集合。反采集机制通过预处理请求头、封锁 IP、异步加载、使用加密 JS 算法、设置验证码等措施达到封锁采集器的目的,常见的反采集策略有三种。

1. 数据异步加载

对于使用了异步加载技术的网站,只需在后台与服务器进行少量数据交换,就可以使网页实现异步更新。网站页面数据异步加载原来是优化网站访问速度的一种手段,对于常规的网站,用户进行访问时,浏览器会下载观测页面的全部 HTML 代码。

2. 预处理请求头

对于每个浏览器,访问网站都会有其固定的"用户代理字段"(User-Agent),而网络采集器的用户代理字段一般为空缺的,这是因为,用户代理字段作为 HTTP 协议中的一个字段用于描述发出 HTTP 请求的一些终端信息。服务器通常通过这个字段来判断访问网站的对象。所以可以做出如下策略:审查访问的请求头,如果请求头是常规浏览器的形式,判定为人类用户;如果是其他采集器框架的形式,则判定为采集器用户、禁止访问。

3. 并发限制

一种基于访问数量的反采集策略:监控单个 IP 的访问量与时间的关系,对于一个较短周期的访问设置比较宽的阈值,而随着时间长度的增加而逐步收紧该阈值,当一个 IP 在周期内访问量达到阈值时,将其判定为采集器并禁止访问。

针对这些反采集策略,可以考虑以下三种采集器的常见应对策略。第一种是将请求头的用户代理字段改为正常人类浏览器的用户代理字段,然后再发送请求即可,即伪造请求头。第二种是对于有并发限制的网站,本研究针对其只能监控单个 IP 的漏洞,提出两种应对技术——分布式采集器和代理池,即采用多 IP 系统。三是对于采取了异步刷新的动态网站,常使用模拟浏览器行为和抓包来截获网站数据,即获取异步数据。

针对本研究面向 Twitter 中特定内容的采集目的,利用常用的反采集应对策略，本章设计了一个支持并发、可自动登录、可分布式同时采集的采集器程序。具体来说，本章设计的采集流程有以下5个步骤：（1）启动主程序脚本；（2）弹出自动化测试的浏览器；（3）跳转至 Twitter 登录网页；（4）输入用户名和密码，登录 Twitter；（5）登录成功后，程序自动执行爬取策略（一种是基于查询词的推文采集，另一种是基于查询词的用户采集）。5个步骤可以多台机器并发执行。

（四）Twitter 的开发人员平台

Twitter 的开发人员平台提供了许多 API 产品、工具和资源。Twitter 开发人员工具和端点分为多种类型 API（见表2.7）。在整个平台上，开始使用给定工具或端点需要不同的访问级别和身份验证类型。

表 2.7 Twitter 开发人员平台 API

标准 API	包括的端点将使您执行以下操作： 发布，检索推文和时间表并与之互动 发布和接收直接消息 管理和提取公共账户信息 创建和管理列表 关注，搜索并吸引用户 检索趋势
高级 API	先进的过滤功能以及通过 webhook 账户活动 API 可扩展地访问 Search Tweets API 以及实时公共账户、参与度和 Tweet 信息
企业 API	企业级的访问 Twitter 数据，包括实时 Tweets 和公共账户信息，历史 Tweets 和 Tweet 见解
广告 API	以编程方式与 Twitter Ads 平台集成
Twitter 的网站	将 Twitter 内容和社交行为嵌入特定网站
Twitter 开发人员实验室	围绕开发人员反馈、构建实验性端点

具体来讲，使用 Twitter API 的一般采集机制，首先需要创建一个开发人员账户并生成密钥和令牌，操作流程如下：

1. 申请并获得 Twitter 开发者账户的批准;

2. 创建一个 Twitter 开发人员应用程序;

3. 生成应用的 API 密钥和用户的访问令牌;

4. 生成应用的承载令牌;

5. 应用并接收对所需 API 的访问;

6. 查找发出首次成功请求所需的文档、库、代码示例和其他资源。

然后根据 Twitter 提供的一套接口和相应参数,根据业务需求设置相应参数即可进行数据采集,比如,管理和提取公共账户信息,创建和管理列表,关注、搜索并吸引用户,获取用户的时间线,搜索某关键字相关的推文,等等。

（五）基于查询词的推文采集

根据"一带一路"查询词表在 Twitter 上搜索相关主题的固定规模推文,然后整理清洗后保存到数据库中,形成特定的采集过程。

首先根据特定的方法准备评测对象词表,以文件的形式存储;遍历整个词表,将每个词构造成一个 query,将 query 作为 keyword 传入 Twitter 的查询接口,采集、设置推文数量上限为 1000 条（对"一带一路"的官方英文查询词,设置推文数量上限为 5000 条,可以采集更多的相关推文数据）,根据实际情况选择使用 Twitter 官方应用的开发者 API 和 Python 库或者 Scrapy 自定义爬虫两种技术路线实现特定 query 下的相关推文的数据采集,最终将结果保存到数据库中。（采集流程见图 2.7,采集示例见图 2.8）

（六）基于查询词的用户采集

根据"一带一路"查询词表在 Twitter 上搜索相关的大 V 用户,在他们的主页中采集固定时间段内的推文数据,然后整理清洗后保存到数据库中。

首先根据特定的方法准备评测对象词表,以文件的形式存储;遍历整个词表,将每个词构造成一个 query,设置采集用户主页下的推文截止时间作为

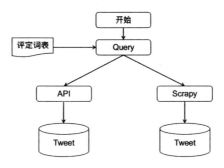

图 2.7 推文采集策略流程图

图 2.8 Twitter 中"一带一路"的查询结果

采集停止条件，然后将 query 作为 keyword 传入 Twitter 的查询接口，根据实际情况选择使用 Twitter 官方应用的开发者 API 和 Python 库或者 Scrapy 自定义爬虫两种技术路线实现特定 query 下的相关大 V 用户的数据采集，最终将结果保存到数据库中，然后采集某个时间间隔内用户主页下的全部推文，最

终将结果保存到数据库中。(采集流程见图 2.9,采集示例见图 2.10)

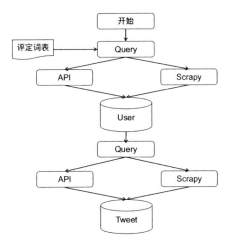

图 2.9 用户及用户主页推文采集策略流程图

图 2.10 Twitter 中"一带一路"的相关用户大 V

二、BREAD 样本数据集专用工具

（一）样本数据集采集工具的功能设计

样本数据集采集工具抓取到的样本数据集存储于 MongoDB 数据库中。在功能设计方面，支持数据库搜索查询，可观察数据的质量和数据内容，有利于开展后续的分析和统计工作。（功能设计示意图见图 2.11）

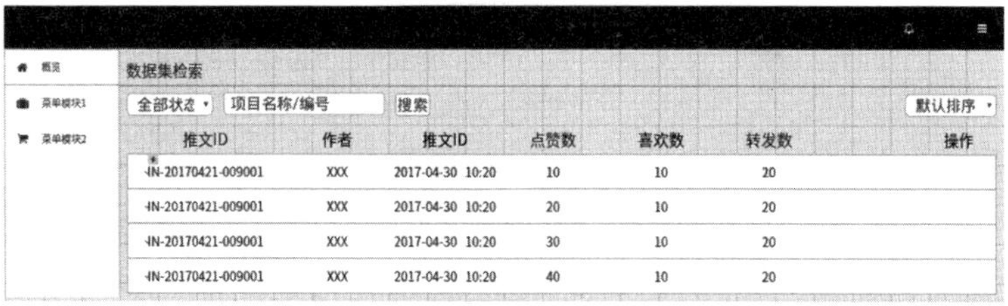

图 2.11　样本数据集的功能设计

（二）样本数据集描述

本研究针对 2019 年 1 月到 12 月期间的推文，采用上述设计进行了样本数据集的采集。经过设计的可行采集策略，爬虫在一天内完成了对 116 个项目查询词和 46 个政策查询词以及"一带一路"官方英文查询词的采集工作，最终形成了一个结构化的可用数据集形式，结果用 3 个数据表存储。

表 2.8　数据库表及其规模

表名	说明	规模
tweet_ by_ query	查询词搜索的相关推文	19451
tweet_ by_ user	用户主页搜索的相关推文	11974
user	推特用户	6376

三、BREAD 样本数据集分析

(一) 推文数量和用户数量

本研究一共采集了 31425 条推文数据,涉及的用户有 6376 个。(见表 2.9,具体数据样例见附件)这样,我们就可以对"一带一路"在推特平台上的传播状况做初步分析了,而这一分析又进一步为本方法的设计提供了验证与修正。

表 2.9　推文数量和用户数量

全部推文数量	31425
全部用户数量	6376

(二) 各查询词对应的推文数量

通过观察分析查询词及其对应的推文数量,可以发现,其与直观感受查询词的重要程度是一致的,"一带一路"三个重要的英文翻译词"Belt and Road""One Belt One Road"和"Belt and Road Initiative"是"一带一路"推文采集的重要关键词(见表 2.10)。

表 2.10　查询词及其数量

查询词	推文	查询词	推文
Belt and Road Initiative	7436	Havelian Dry Port	63
belt and road	5622	Pap Angren Railway	63
One Belt one road	2966	Lagos-Calabar Railway	63
the belt and road	2555	Quetta Mass Transit	63
the Silk Road	1288	Lagos-Kano Railway	62
Forest City	1187	Rashakai Economic Zone	61
Natural Gas Project	938	Kuala Lumpur-Singapore High Speed Rail	61

续表

查询词	推文	查询词	推文
#OBOR	775	Djibouti-Ethiopia Railway	60
Gwadar Port	668	Suki Kinari Hydropower Project	60
Karakoram Highway	435	Orange Line Lahore Metro	59
#beltandroad	414	Bangkok-Nong Khai Railway	58
East Coast Railway	334	Matiari-Lahore Transmission Line	57
M5 Motorway	313	Pakistan Port Qasim Power Project	56
Hambantota Port	291	#thebeltandroad	55
M4 Motorway	263	Doraleh Multi-Purpose Port	53
Diamer-Bhasha Dam	260	Gadani Power Project	53
Port of Piraeus	217	Hakla-Dera Ismail Khan Motorway	52
Port City Colombo	164	Bangkok-Chiang Mai Railway	52
Myitsone Dam	147	Kyaukpyu Special Economic Zone	48
Karachi Circular Railway	147	Tehran-Mashhad Railway	48
Yamal LNG Project	145	Pakistan-China-Fiber Optic Project	48
Silk Road Fund	140	Sino-Thai – High-Speed Railway	48
Mumbai Metro Line 4	135	Khunjerab Railway	47
Jakarta-Bandung Railway	133	Harare Airport Expansion	46
Balloki Power Plant	110	Kohala Hydel Project	46
Quaid-e-Azam Solar Park	107	Kumport Terminal	45
Melaka Gateway	106	Madhya Pradesh Rural Connectivity Project	45
Suez Canal Economic Zone	101	Khorgos Gateway Dry Port	44
Spirit of the Silk Road	99	Nenskra Hydropower Plant	43
Gwadar International Airport	94	Nigcomsat Satellites	43
Mohmand Marble City	91	Bostan Industrial Zone	43
Karuma Hydropower Project	85	Greater Peshawar Mass Transit	41
the Silk Road Economic Belt	83	Mirpur Special Economic Zone	41

续表

查询词	推文	查询词	推文
21st Century Maritime Silk Road	81	Dammam Riyadh Freight Line	40
Abuja–Kaduna Railway	80	Dhabeji Special Economic Zone	40
MNC Lido City	79	Gemas–Johor Bahru Railway	40
Padma Rail Link	78	Khalifa Port Terminal 2	40
Sahiwal Coal Power Project	74	Amaravati Sustainable Capital City	39
Addis Ababa Light Rail	74	"Khorgos – Eastern Gate"	38
Allama Iqbal Industrial City	73	Pak–China Technical and Vocational Institute	33
Dawei Port	72	Haifa Port	33
Port Aktau	71	Sachal 50MW Wind Farm	30
Muse–Mandalay Railway	70	M8 Motorway	29
Budapest–Belgrade Railway	68	Dushanbe–Uzbekistan Border Road Improvement	27
Peshawar–Karachi Motorway	68	Sahiwal 2×660MW Coal-fired Power Plant	27
Kuala Tanjung Port	65	Tarbela 5 Hydropower Extension Project	22
Benguela Railway	65	Dhaka–Chattogram Rail Route	16
Hassyan Clean Coal Project	64	Silk Road of Green Development	16
Colombo South Harbour	64	Greater Peshawar Region Mass Transit	15

  关键词的频度，为"一带一路"国际传播的初步分析提供了基础。这里提出三个问题，可以成为相关研究中的应用入手点。第一，在常用的"一带一路"英文译名及其缩写中，哪个更为显见？由于历史原因，它出现了多个译名及缩写、简称，其应用程度不一，今后是否应该强行统一，还是适当采用多种译名并行？第二，在关键词检索中发现，带有#的"标签"出现频率较高，这会影响用户在了解时会否点击，以及Twitter的"流行趋势"，如何在国际传播中合理借用这些标签？第三，各个项目、各个政策各自的热度如何，它的变化趋势如何，对国际传播实践有什么参照作用？

（三）推文活跃时间区间表

时间变动曲线是理解"一带一路"国际传播的重要指标。在前述所采集的 3 万条推文数据集上进行时间划分统计，可以得出 2019 年 1 月到 12 月期间的"一带一路"主题推文数量趋势（见图 2.12）。分析曲线的峰值点可以发现，4 月和 12 月存在两个最值区域。4 月出现峰值的原因很明显，因为第二届"一带一路"高峰论坛于当年 4 月 25 日至 27 日举行。但是，在 10 月之后，"一带一路"的推文数量几乎呈直线上升趋势，这种峰值变化说明了"一带一路"在这段时间得到了海外社交媒体舆论的大量关注和评论。其原因如何？Twitter "一带一路"上的舆情往往是基于大事件而变动的，跟随重要事件引发广泛讨论，尤其是一些国际外交大事件在 Twitter 上能够促成舆情爆炸，达到二次甚至三次的新传播高峰。本研究的初步解释是，年初用户转载媒体文章比较多，且主题多停留在介绍政策的层面。随着合作项目陆续达成以及相关媒体的不断曝光，用户对"一带一路"的了解增进，下半年用户发布的原创推文和评论显著增多，舆情呈爆炸式增长。这一分析是否合理，还需结合当年"一带一路"的实践状况及更深入的国际传播专题研究来加以验证和阐释。

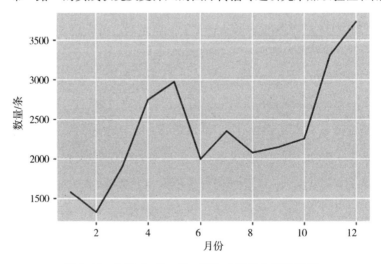

图 2.12　2019 年"一带一路"主题推文数量趋势

（四）推文的互动情况

通过样本推文内容的点赞数、评论数和转发数三个指标，可分析这些推文在 Twitter 平台上的互动情况。（参见表 2.11）

表 2.11　推文的互动情况

	转发数	点赞数	评论数
最高	953	998	819
平均	17	38	3
最低	0	0	0

总体而言，"一带一路"的推文点赞数、评论数和转发数都有很大的提升空间，传播延展性有待提高。三者当中，点赞数和转发数表现最好，点赞数最高达到了 998，转发数最高达到了 953。这些数值的意义如何？为下一步国际传播的专题研究提出了新课题。

（五）用户影响力分析

"一带一路"倡议由中国发起，从目前调研的情况看，国外普通网民有参与"一带一路"话题讨论的热情，如果能够有效引导，将有利于"一带一路"在海外的传播。在社交媒体中，中国的主流媒体承担了向世界网民推广、传播"一带一路"的重要责任。（参见表 2.12）

从统计结果可以观测到，中国官方媒体中新华社的"一带一路"报道量最多，转发率也普遍较高。其他主要外宣媒体和专门设立的账号也有较好表现。这综合表明中国各主流媒体账号在 Twitter 中发布的"一带一路"报道有一定的受众关注度，但是舆论影响力有待进一步提高。

在海外媒体中，巴基斯坦广播、《华尔街日报》、路透社、今日俄罗斯、金融时报等报道数量较多，但并没有形成绝对的数量优势。如何利用好海外媒体？应当重点关注哪些？它们的具体报道策略、舆论倾向及影响力究竟如何？这需要做进一步深入研究。

在个人用户中，本研究发现了一些在 Twitter 平台上关注并大量发文的用户。这些用户的身份是什么样的，其舆论倾向和影响力该如何评估，也是下一步研究要开展的内容。

本研究虽然主要聚焦于方法的设计，对这些问题尚未做出精确回答，但这些基础性讨论具有启发意义，也能够推动本研究设计的方法在具体研究中的应用。

表 2.12　Top100 用户影响力分析表

用户 ID	推文数量	用户 ID	推文数量
beltandroadnow	1177	ChinaPlusNews	36
XHNews	997	Reuters	36
Brooklynmonk	997	steffenroski	36
TorrinWilkins	862	RT_ com	35
beltandroadpod	777	FinancialTimes	34
beltroadnews	668	nature	34
iingwen	592	cchukudebelu	33
ChinaDaily	564	watsupasia	33
MacaesBruno	436	MFA_ China	33
CPECWire	425	China_ _ Focus	32
BeltandRoadDesk	352	RailMinIndia	32
globaltimesnews	328	Eng_ Tayyub	32
jeremy_ garlick	252	ajwsmall	32
The_ China_ Road	215	arman_ khokher	32
zlj517	196	AFarmandeh	32
CGTNOfficial	194	EvanFeigenbaum	31
khaleefah30	162	RollandNadege	31
OBOReurope	149	shahsabg	31

续表

用户 ID	推文数量	用户 ID	推文数量
beltandroad1	146	jmohanmalik	30
BeltNRoad	141	Chellaney	30
WiNLPWorkshop	126	chinaorgcn	30
DevelopmentPk	112	Echinanews	29
CCTV	109	ipd_ newsletter	29
PDChina	106	IamIrzam	28
geoff_ p_ wade	90	Mohammed222022	27
1828uk	90	YanWang82488122	27
eolander	87	Forbes	27
conitzer	83	beltandroadblog	26
business	78	railwaygazette	26
TheEconomist	78	InZhejiang	26
ReconAsia	77	BerlinPolicy	26
ErikSolheim	74	TimesofIslambad	25
PlanComPakistan	67	pmln_ org	25
CPEC_ Official	66	PortCityColombo	25
pid_ gov	59	PMLNDevProjects	24
dev9_	58	ianbremmer	24
BeltandRoadBRC	58	AfroRailBus	24
CSIS	55	FT	23
JackVardan	54	wef	23
PTIofficial	52	CFR_ org	23
MansurQr	52	Belt_ and_ Road	23
thesilkroad	51	FemiOke	22
SCMPNews	49	RQTurcsanyi	22
AlBawabaEnglish	48	CathayPak	22

续表

用户 ID	推文数量	用户 ID	推文数量
BRI_ SL	*47*	*evazhengll*	*22*
RadioPakistan	*42*	*AbdulMaan*	*22*
CentreThinkTank	*42*	*BeijingReview*	*21*
FaraQureshi	*41*	*IbrahimArat17*	*21*
WSJ	*38*	*BBCNews*	*21*
jonathandfulton	*38*	*GroupGirs*	*21*

本章小结

本章的研究主要是面向"一带一路"的社交媒体样本集的设计与构建而展开。

本章首先从"一带一路"的国际传播状况出发，了解相关数据采集研究的现状，分析了当前"一带一路"社交媒体样本构建工作中存在的不足。已有研究大多是针对政府账号和主要国内媒体在"一带一路"的传播影响，缺乏对普通个人言论的关注，同时时效性不足，关于"一带一路"传播的研究文献大多在 2017 年之前，而 2018 年之后的研究工作较少。为解决数据来源差异性不足和时效性问题，本章提出了聚焦于具有时效性的样本集构建，为了充分考虑来自个人和广义群体的网络用户所有关于"一带一路"的言论信息，个人、媒体等"一带一路"的传播者和参与者都是舆情的研究对象。

为了分析整理在"一带一路"国际传播过程中发挥主要作用的英文社交媒体，通过统计国外社交媒体（Facebook、Twitter 等）的影响力排名并评估其技术条件，发现 Twitter 更适合作为数据采集的来源，此外，它具有较高的使用率，并降低了信息发布的门槛，使各种阶层的用户都能够参与讨论交流，用户身份结构多样化。在这些因素的综合考虑下，本项研究选择将Twitter作为主要的数据采集来源。

通过分析和研究，针对Twitter的数据采集，我们提出两种可行的采集策略以实现数据集构建任务：基于查询词的推文采集和基于查询词的用户采集。最终开发实现了一个社交媒体样本数据采集系统，能够实现社交媒体样本数据集采集的功能，以便给后续的网络倾向性分析和社交媒体评价对象以及评价词的抽取提供数据支撑。

本章也尝试根据国际传播研究的需求，提出一些研究问题、初步发现和初步分析，作为应用的入手点。这一方面为下一步深入的专题式研究提供基础，也一定程度上验证了本研究所设计的数据库采集方法在相关研究中是有应用价值的。

更关键的是，本项研究的主要宗旨是"授人以鱼不如授人以渔"。本项研究构建的数据样本库可以成为"一带一路"国际传播研究者的"鱼"，即可以直接用来评估目前的舆情状况；但它形成的技术路线和方法工具则成为"渔"，成为今后不断发展完善的舆情采集手段，经过有针对性的调整，能够为"一带一路"及其他中国主题的国际传播效果评估形成方法基础。

第三章

"一带一路"的社交媒体倾向性分析

情感倾向性分析是舆情分析的重点，同时也是难点。"一带一路"涉及数十个国家，覆盖中亚、东亚、南亚与欧洲等多个区域，各个国家的国情和社会实际不同，对于"一带一路"的立场也存在着差异。总体的印象是，发达国家媒体在报道"一带一路"相关议题时存在较多疑虑，而新兴市场国家和发展中国家媒体发出的积极声音更为明显。这种情感倾向的差异的确存在吗？它是否会因时间、国际关系和关键事件而发生变化？如何评估和理解社交媒体中的倾向性，并据此形成国际传播策略？

在采集和构建得到面向"一带一路"的社交媒体样本集后，如何以此为基础分析"一带一路"在英文社交媒体中的情感倾向性，是本章研究的重点。情感分析又称倾向性分析，能够对带有情感色彩的主观性文本进行处理、分析、归纳、推理。其结果可以为分析"一带一路"的传播效果提供重要支撑。

本章从"一带一路"舆情分析的研究进展出发，针对样本数据集中的实际样例特点，将问题定位为细粒度的情感分析问题。所谓细粒度的情感分析，是指将情感倾向性的数据加以细分，通过指标的细化得到更具针对性的结果。

第一节 "一带一路"社交媒体倾向性研究背景与现状

近些年来，国内外学术研究者、智库和研究机构等从不同角度对"一带一路"倡议的国际舆情倾向性展开了研究。这些研究与国家形象建构、媒体话语分析、传播效果研究等结合在一起，从理论和方法上做出了探索。

在既有研究中，"一带一路"既提供了背景，也提供了研究的主题。侯迎忠等人进行了以"一带一路"国际舆情为例的全球治理语境下的中国形象研究，选取了英国《卫报》、美国《纽约时报》《华盛顿邮报》三家西方主流媒体，搜索以"一带一路"关键词为查询项的新闻报道，并进行筛选和过滤，在最终确定的研究样本上，采用案例研究的方法，从消息来源、报道类型、报道主题、报道数量和语境修辞以及立场倾向等多种角度进行数据统计与分析，把握新闻报道背后的态度与立场，以期发现"一带一路"背景下中国声音和传播与中国国际形象构建中存在的问题与不足，给出针对性的对策与建议。① 王洁等人分析美国主流媒体针对"一带一路"倡议的关注热点，研究相关舆情的情感倾向。作者用网络爬虫自动采集相关新闻，进行新闻摘要提取，保留新闻关键内容，用深度学习的方法进行句子级别的情感分析，同时，利用自然语言处理工具包统计高频词，了解媒体关注的热点，分析美国新闻媒体在"一带一路"上的舆情。② 这两项研究均使用量化的方法进行，前者采取较为传统的定量内容分析，后者则使用了自动化的计算机技术。两者均聚焦于传统媒体的内容而展开，这主要是基于三方面原因：第

---

① 侯迎忠，付阳，张天艺. 全球治理语境下的中国形象研究——以"一带一路"国际舆情为例 [J]. 对外传播，2019（09）：35-38.
② 王洁，乔艺璇，彭岩，等. 基于深度学习的美国媒体"一带一路"舆情的情感分析 [J]. 电子技术应用，2018，44（11）：108-112，116.

一，传统媒体的内容有数据边界，比较容易汇集、搜索、抓取和分析；第二，传统媒体的话语使用比较规范，新闻样式有一定的套路和模式，容易进行话语分析或自然语言处理；第三，传统媒体代表了舆论的显在方面，是两级传播和舆情扩散的重要起始点，仍然是舆情研究的关键所在。

不过，社交媒体亟须更多关注。尤其是海外英文社交媒体上的个人账号和普通用户言论，汇集起来也不可小觑。这种舆情的分析难度要高得多，也带来更复杂、更矛盾的状况。首先，它们的存在过于零散，虽然有账号、标签和关键词作为搜索脉络，但不像媒体机构及政治代表账号一样会定期、持续发布内容，因此，人工处理的难度太大，自动化舆情处理更为适用。其次，它们的话语、内容、文本常常带有独特性，其情感表达更为个人化，这时候人工处理反而更能把握其细微之处。

试举一例进行说明。在 Twitter 中，评价"一带一路"的一个说法值得警惕，那就是"债务陷阱"（debt trap）。很多西方政客和西方主流媒体在攻击"一带一路"时会使用这个概念。无论是人工判断，还是自动化处理，都很容易根据这个说法而判断出相关言论的倾向性，不过，如果推文中只出现了"债务"（debt）这个略显中性的词汇呢？如果推文中在有关债务的句子后加上问号，质疑西方言论并为中国行动做辩护呢？这种判断就需要审慎处理了。

这就要求对研究方法进行新的探索。本项研究认为应当把握两个基本点。第一，"一带一路"舆情分析应当关注社交媒体，并不断开发完善自动化的情感倾向性技术。在现有研究所采取的方法中，面向"一带一路"的舆情分析主要集中于媒体报道和正式新闻，这些文本在数量上达不到大数据统计的要求，同时在质量上也对广大普通用户的真实情感有所忽略。"一带一路"的舆情分析需要很多的人工工作，如果缺乏自动分析的工具，就无法处理日益增加的相关报道、评论和言论数据。如果数据量有大幅度提升，传统的人工定量内容分析是无法完成的，必须依赖计算传播学的介入。第二，"一带一路"情感倾向性分析需要注意细微之处。以往研究中，对"一带一路"的情感分析，其分析的粒度往往是句子级别，这就意味着情感倾向性分析的粒度较粗，所捕获的公众对"一带一路"倡议下某个具体项目的情感倾向可能会大打折扣。因此，一方面在技术上进一步提升自动化程度，另一方面在情感分析上采取细粒度分析，这就要求面向"一带一路"的社交媒体倾向性分析对问题进行重新定义，并找到正确的解决方法。

第二节 "一带一路"社交媒体的细粒度倾向性分析问题

在"一带一路"的英文社交媒体文本中，对其倾向性的分析可以定位到情感分析上。同时，对于给定一段以"一带一路"为主题的文本，我们不仅要关心整体上文本的倾向性如何，更要关注其中的某个评价对象，文本的描述对其各方面持有怎样的情感。因此，本研究将对"一带一路"的文本倾向性分析问题定义为细粒度的情感分析问题，并据此制定本章的方法研发任务。

在国际知名的学术评测会议 SemEval 中，给出了方面条目和方面类别的情感分析任务定义。在"一带一路"的文本中，方面条目可以是"一带一路"相关的概念、项目或者事件，是文本中的单词或短语；方面类别可以是"一带一路"相关的社会影响，是文本的主题。此外，在学术评测数据集 Sentihood 中，也给出了细粒度情感分析的任务定义。

本节先针对"一带一路"相关社交媒体内容的情感分析任务做阐述性定义，然后参考相关评测任务给出"一带一路"社交媒体倾向性分析的形式化表示。

77

一、"一带一路"相关社交媒体内容的情感分析

在"一带一路"相关的传播过程中，我们最为关注的是带有发布者观点的文本内容。这些内容越来越多地出现在互联网中，尤其在社交媒体上，文本大多是个人发表的观点，其情感倾向性明显，针对"一带一路"相关的概念、项目和政策，表达了发布者的主观看法。

本书以两种推文实例来展示这种文本中的观点与情感。第一种例子发表者表达了对中国推行"一带一路"政策的怀疑和担忧，表达了消极的情感。另一种例子是发表者表达了对"一带一路"相关项目促进区域经济联系的肯定，表达了积极的情感。

推文的话语折射了态度，也表达了情感。为此，我们需要进一步深入研究情感分析技术。情感分析，是指对带有情感色彩的主观性文本进行处理、分析、归纳、推理的过程，又称倾向性分析、意见挖掘，涉及计算机学、语言学、心理学、认知科学、统计学等多个学科，是一个复杂的交叉学科领域。情感分析是自然语言处理领域的一个基本任务，近年来随着互联网的快速发展，新闻网站、博客、论坛等平台上积累了海量的带有情感的文本，推动着中外学者进行了大量的研究，也取得了许多有影响力的成果。按研究粒度分，可分为篇章级别、句子级别以及词级别的情感分析。此外，情感分析还具有领域特殊性，在不同的文本上，往往相同的表达会有不同的情感倾向。

在细粒度的面向方面（aspect）或目标（target）的情感分析中，任务不再只关注文本的总体情感倾向，而是关注文本在特定方面上的情感倾向。面向方面或目标的情感分析作为更细粒度的情感分析，与一般情感分析相比，能够挖掘更深层次的情感信息，具有更现实的研究意义。

对于"一带一路"的社交媒体倾向性分析，不同的文本会评论不同的项

目或事件，也会评价其在政治、经济等多个不同方面带来的社会影响。因此，只简单地对文本做总体的情感分析不能准确捕获"一带一路"不同合作项目对社会不同方面造成的影响。对"一带一路"的社交媒体做更细粒度的情感分析才能更好地评价"一带一路"的传播效果。

面向方面的情感分析可以分为两个子任务。首先是抽取文本中的方面（aspect）或目标（target），然后分析文本在方面或目标上的情感。对这两个任务的研究有管道（pipeline）和联合（joint）的方法，管道的方法先抽取文本中的评价对象，然后训练一个分类器对文本在评价对象上的情感进行分类；联合的方法可以同时进行评价对象的抽取和情感分类。此外，面向方面或目标的情感分析还可分为句子级别和文档级别，在句子级别上，主流方法是利用注意力（attention）机制学习句子在特定方面或目标上的表示，然后做一个分类；在文档级别上，除了要考虑特定方面在句子中的情感，还要考虑文档中的句子间存在的转折、指代等关系的影响，相比句子级别，文档级别的研究难度较大，研究工作也较少。

二、问题的形式化定义

我们进一步研究了"一带一路"相关社交媒体内容的情感分析问题并给出了形式化定义。这个定义，参考了 SemEval-2014 Task 4 Subtask2 定义的方面条目（aspect-term）的情感分析、SemEval-2014 Task 4 Subtask 4 定义的方面类别（aspect-category）的情感分析，并将研究粒度定义到与 Sentihood 相同的层级。（见表 3.1）

表 3.1 "一带一路"社交媒体的情感分析任务定义
（参考 SemEval-2014 Task 4 和 Sentihood）

句子	标签
The construction of Saudi Arabia's Yanbu refinery can effectively promote the development of the local economy, but at the same time, it may also have a certain impact on the natural environment.	*(Saudi Arabia's Yanbu refinery, economy, Positive)* *(Saudi Arabia's Yanbu refinery, environment, Negative)*

具体而言，本章将情感分析划分为三个主要的形式化层次：

·对方面条目的情感分析是分析给定的文本及其中的由单词或短语构成的评价对象，判断其在该对象上的情感倾向；

·对方面类别的情感分析是分析给定的文本，判断其在某个评价类别上的情感倾向；

·对方面条目和方面类别的情感分析是分析给定的文本，判断其中的某个评价对象在某个评价类别上的情感倾向。

对于与"一带一路"相关的英文社交媒体文本，我们的评价对象可以是其中与"一带一路"相关的概念、项目或事件。例如，以"丝绸之路经济带"为代表的概念，以"中欧班列"为代表的项目以及以"中俄签署丝绸之路经济带与欧亚经济联盟对接声明"为代表的事件。我们的评价方面是人们所关心的概念的提出、项目的实施以及事件的发生会带来的影响，例如，政治、经济、民族等。

给定一段关于"一带一路"的英文社交媒体文本，其中包含 n 个词，可形式化表示：

$$S = \{ w_1, w_2, \cdots, w_n \}$$

对其中的长度为 m 的评价对象：

$$T = \{ w_1, w_2, \cdots, w_m \}$$

我们要分析其在各个评价方面上的情感，评价方面是预定义的包含 k 个元素的集合：

$$A = \{ a_1, a_2, \cdots, a_k \}$$

最后对一个文本、评价对象、评价方面的三元组 (s, t, a)，分析其属于哪个情感类别，情感类别也是预定义的，包含 r 个情感等级：

$$L = \{ p_1, p_2, \cdots, p_r \}$$

例如，在文本实例"*China Railway Express to Europe：China-Europe rail cargo transport has subsequently gained rapid traction，fueled by the rollout of the Belt and Road Initiative*"，其中的一个评价对象为"*the rollout of the Belt and Road Initiative*"，其在"*economy*"这个评价方面上的情感极性是积极的。这是一种形式化的自动分析，并不能保证百分之百地捕获文本来源的细微情感，但它能够有效地在自动化与细粒度两个矛盾中取得平衡，形成倾向性分析的基础，并进一步导向更细致的层面。

（一）评价方面（aspect）的定义

如何寻找最基本的评价方面？在细粒度的情感分析中，评价方面的定义通常是根据文本的特点，定义人们最为关心的，能从文本中得到分析结果的方面。在 SemEval-2014 Task 4 中，数据的来源是餐馆的评论数据，对于餐馆，客户最关心的是食物、服务、价格等是怎么样的，为此，对于餐馆的评论数据，定义了食物（food）、服务（service）、价格（price）、氛围（ambience），以及一些杂项（anecdotes/miscellaneous）等方面。由此，对于给定的一条餐馆评论，可以判断这条评论中的每个评价对象在每个评价方面上的情感是怎么样的。在此基础上，可以给出每个餐馆中各个评价方面的情感倾向分析，对客户看重的不同方面，有着更细粒度的情感表达来满足需求。

在本研究中，因为研究的对象是"一带一路"英文传播文本，所以所做的情感分析需要从"一带一路"背景、研究者及普通用户所关注的角度出发，寻找最合适的评价方面。

"一带一路"倡议自2013年提出以来，受到了国内外媒体的广泛关注，随着项目合作的推进、概念的深化，海外媒体对"一带一路"的相关报道呈现快速增长的态势，在 Twitter、Facebook 等社交媒体中也激起了广泛的讨论。这些媒体文本蕴含国外社会对"一带一路"的关注热点和情感倾向，是衡量国外社会对"一带一路"所持态度的重要素材。由于"一带一路"作用于各国间的经济合作，所以经济（economy）、交易（trade）、发展（development）等是需要进行倾向性分析的方面。

从研究者的角度来看，"一带一路"概念的提出、项目的实施、事件的发生都会对相关的国家产生影响，由此国外群众会表达自己的观点。这些观点有些是正向的，认为会带来积极的影响；有些是负向的，认为会对当地造成一些显性或者隐性的负面影响。因此，境外媒体在"一带一路"话题上发表的文本有着研究者所关注的国外社会对"一带一路"在政治（politics）、经济（economy）、文化（culture）等方面的态度，这些方面是需要进行倾向性分析的方面。

1. 基于观察的分析

我们首先通过观察一些社交媒体上谈论"一带一路"倡议的文章实例，来初步理解海外民众最注重的评价方面。本研究找到了五篇具有典型意义的社交媒体文章进行分析。

实例1："Three Opportunities and Three Risks of the Belt and Road Initiative"

在这篇博客文章中，对国外民众认为"一带一路"带来的机会和风险进行了综合分析，指出了一些外国民众所关心的"一带一路"的相关方面。

在机会上，"一带一路"涉及范围广、规模大，相关项目的成功能为亚非多个贫困率仍然很高的国家提供帮助，例如，肯尼亚、乌兹别克斯坦等，使大量穷人和世界经济受益，对全球福利产生巨大的积极溢出效应。此外，

"一带一路"有巨大的潜力，对那些基础设施不足，无法充分融入世界经济的国家（如阿富汗、尼泊尔等）而言，"一带一路"可以填补空白，加强国际商业合作，促进与世界其他地区日益融合。再者，"一带一路"中的交通项目可以改善世界的连接。以往中欧货物运输海运时间长，火车运费高昂，而"一带一路"的铁路和其他运输基础设施的建设能够带来更多的跨境贸易，增加投资，从而促进"一带一路"经济体的发展。（参见图 3.1）

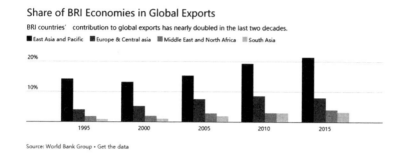

图 3.1　"一带一路"倡议相关区域在国际出口中所占比重

在风险上，政策壁垒造成了厚重的边界。与其他地区相比，在"一带一路"国家，延迟过境、烦琐的海关手续和对外国直接投资的限制等情况往往更为严重，在开办外国企业、获得工业用地和仲裁商业纠纷方面有更多的限制性和负担性政策。此外，还有重大基础设施项目的风险。任何大型基础设施项目都有潜在的环境、社会和腐败风险。例如，这些可能包括生物多样性丧失、环境退化或精英获益等。这些风险在参与"一带一路"的国家中可能尤其严重，因为这些国家的治理能力往往相对薄弱。再者是宏观风险。对一些国家来说，"一带一路"的项目所需的融资可能会将债务扩大到不可持续的水平。例如，昆明—新加坡铁路老挝段的建设估计耗资 60 亿美元，约占老挝 2016 年国内生产总值的 40%。全球发展中心（Center for Global Development）估计，"一带一路"相关项目将提高多个国家的债务与 GDP 比率，使

8 个国家面临高风险。

这篇博文主要讲述的是"一带一路"在经济层面的影响，其中提到了与之相关的贸易、交通、生态环境等多方面。

实例 2："The Domestic Politics of the Belt and Road Initiative and its Implications"

这篇文章讲述了"一带一路"在政治上的影响。文章指出，随着"一带一路"成为一个越来越热门的话题，中国将其定位在经济机会的双赢层面，但在国外引起了对地缘政治和地缘战略分析上的关注。

文章写道，随着"一带一路"相关项目的推进，中亚、拉美等区域的多个国家成为"一带一路"不可或缺的一部分。中国通过将"一带一路"的目标和"上合组织"的使命结合起来，维护国家政治安全，使中国发展引擎所驱动的地缘经济潜力，形成巨大的正外部性，为相关国家和地区所共享。同时，国际社会也表现出对中国通过"一带一路"相关合作不断加强的国际地位的担忧。文章提到了可以进行社交媒体倾向性分析的政治方面。

实例 3："Belt and Road Initiative is also about cultural exchanges，official says"

这篇新闻报道讲述了"一带一路"在文化方面的影响。文章写道，文化部副部长在党的十九大期间举行的新闻发布会上做出表示："一带一路"不仅涉及贸易和投资，还包括文化交流，这将为中国与其他主动参与者的文化联系带来有利的变化。截至 2017 年 10 月，中国已经与与会国家签署了 300多份官方合作协议和文化交流行动计划。中国与东欧和阿拉伯国家以及东盟经济体建立了多边文化合作机制，并与一些倡议参与者在丝绸之路主题剧院和博物馆方面结成联盟。世界各地的汉学家和青年学者将有更多的机会访问中国，参加有关中国文化的高级课程，帮助他们更好地了解中国。中国欢迎外国文学作品和电影产品翻译成中文并引入中国市场，并将为参与倡议的国家提供同样的服务。

实例4："Culture an essential piece for Belt and Road Initiative"

这篇文章则谈到"一带一路""文化""互联网"之间的关系。文章写道，李克强在接受《中国日报》网站采访时表示，中国想要成为一个在世界上处于领先地位的国家，过去几十年积累的资本实力必须包括在"一带一路"中的文化状况。2014年以来，中国先后举办了丝绸之路国际艺术节、海上丝绸之路国际艺术节、丝绸之路（敦煌）国际文化博览会等一系列文化活动，促进"一带一路"国家间的文化交流。同时，李克强还强调在当今世界，当我们谈论文化"一带一路"，或者说文化融合的时候，不能绕开互联网，因为无论我们把互联网作为一种媒介、一种技术，还是一个产业，互联网在本质上都具有很强的文化属性。可以看到，随着互联网的快速发展，世界加速联通，"一带一路"所带来的中国文化也在世界范围内加速传播，由此引出社交媒体倾向性分析的文化方面。

实例5："Exploring the Environmental Repercussions of China's Belt and Road Initiative"

这篇文章探究了"一带一路"在环境上可能造成的影响。文中说，"一带一路"计划耗资一万亿美元，对欧亚大陆、大洋洲和非洲60多个国家的交通、通信和能源网络进行广泛投资。其规模之大引起了国际社会的关注，并引起了人们对其潜在环境影响的一些严密关切。文章指出，"一带一路"的许多项目都经过生态脆弱区，相关的公路和铁路建设会威胁到周围生态系统的动植物以及生活在那里的人们的生计。包括世界野生动物基金会在内的多个机构都对"一带一路"的相关区域进行了充分的调研，分析了项目的实施可能会带来的影响，并且关注区域内人民的态度，评估项目的可行性。文章同时也写道，"一带一路"的基础可持续性框架和项目开发商的意愿将最终决定它的总体环境影响。中国已经开始采纳自己国家的可持续发展承诺，这个承诺可以在整个"一带一路"的相关国家中使用。文章主要描述了可以进行社交媒体倾向性分析的环境方面。

这些文章通过外部链接在 Twitter 上发布，被纳入有关"一带一路"的舆情之中。通过以上五篇实例文章的分析，本研究基于观察的评价方面（aspect）的分析，通过影响（influence、impact、effect）等多个关键词的搜索，充分调研国外媒体对"一带一路"的关注，最终得到了政治（politics）、经济（economy）、文化（culture）、军事（military）、环境（environment）等五个评价方面。

2. 基于关键词提取的分析

在基于关键词提取的评价方面的分析中，我们从数据出发，利用一些关键词提取技术来获取评价方面。

关键词提取（也称为关键词检测和关键词分析）是一种文本分析技术，它包括自动提取文本中最重要的单词和表达式。关键词提取有基于词频统计的方法，也有一些基于机器学习以及深度学习的方法。对于大量的"一带一路"相关的推文，这些文本都是非结构化的，它没有预定义的组织形式，因此很难进行分析，关键词提取相关技术能够很好地处理这样的情况。通过关键词提取，我们可以从"一带一路"社交媒体中挖掘关键内容，分析社交媒体倾向性分析的评价方面。

数据的来源是前述章节以包括"一带一路"的译文、相关的合作项目、相关政策在内的 100 多个关键词为查询项，在 Twitter 上得到的。

（1）基于词频统计的方法

在基于词频统计的方法中，首先整合所有的正文内容，然后计算单词的词频，进行排序以后得到 Top200 的单词，在这些单词中，大部分的单词都是如"we""is""the"等停用词，这些词并没有实际含义，此外还有一些如"belt""road"等虽然是与"一带一路"相关的词汇，但并不能作为评价方面。在此基础上，我们加入一个停用词表对这些词进行过滤，最后人工选择可以作为评价对象的单词，分别是经济（economy）、国际（international）、贸易（trade）、发展（development）、建设（construction）、能源（energy）。可以看到，这六个词基本是与经济相关的，这也印证了"一带一路"是经济合作的框架，用户发表的言论大多数都在经济范畴之内。

在基于词频的统计中，我们得到了一些与"一带一路"相关的提及频率较高的词，但这些词并不一定是文本所要讲述的主要内容，因此，需要挖掘一定的语义知识，从语言学角度来提取关键词，从而得到更可靠的关键内容，并进一步分析可能的社交媒体倾向性的评价方面。

（2）基于 TextRank 的方法

TextRank 是针对文本里的句子设计的权重算法，该算法借鉴了谷歌提出的著名 PageRank 算法的基本想法，实现了自动摘要的算法目标。所借鉴的 PageRank 算法，是一种主要用于在线搜索的网页结果排序算法，它对每个网页，都给一个正实数，表示网页的重要程度，网页的 PageRank 值越高表示网页越重要，在互联网搜索中的排序越有可能被排在前面。同样地，TextRank 算法也设计了投票的方式，用每个单词为其相邻词（窗口）投赞成票。而每个词票数将决定所投出的票的权重。

本研究利用 TextRank 算法在"一带一路"推文上进行关键词抽取。主要步骤：给定的一段推文，先对文本以句子为单位做划分，然后逐句完成分词、词性标注等浅层处理，之后对停用词进行去除，只剩下所要求词性的单词，通常是 n/v/adj 等实词；然后生成候选关键词图，以共现关系为两个节点之间的边构建图的结构，即仅当两个节点对应的词汇在长度为 K 的窗口中共现，才认为它们之间存在边；迭代处理各个节点，直至收敛；然后，倒序排序节点权重，将得到最重要的 T 个单词作为候选关键词；再利用得到的 T 个候选单词在原始推文中标记，如果形成相邻词组，则组合成多词关键词。

至此，我们可以得到"一带一路"推文中的基于 TextRank 方法的关键词，作为定义评价方面的参考。

（3）基于主题模型的方法

主题模型（Topic Model）是一种用来在多文档集合中发现抽象主题的统计模型。其基本思路是，如果某篇文章可以总结出某个中心思想，那么某些特定词语的出现频率会比其他不相关的词更高。具体到本研究，在"一带一路"相关的推文中，如果主要讲述的是某个项目在经济方面可能带来的影响，那么"economy""economic"等词会频繁出现；而如果主要讲述的是某个项目的实施在环境方面可能带来的影响，那么"environment""environmental"等词汇会频繁出现。有些词如"this""and"在两篇推文中出现的频率大致相等。通常推文会讲到"一带一路"在多方面的影响，但各个方面所占的比例不同，主题模型能够处理上述情况。

主题模型包含词、主题和文档三层结构。一般来说，主题模型将一篇文章的生成过程看作如下处理序列：先挑选若干主题，再为每个主题挑选若干词语。最终，这些词语就组成了一篇文章。所以主题对于文章是服从多项式分布的，同时单词对于主题也是服从多项式分布的。基于这样的理论，如果一个单词 w 对于主题 t 非常重要，而主题 t 对于文章 d 又非常重要，那么单词 w 对于文章 d 就很重要。

基于主题关键词提取算法主要利用的是主题模型中关于主题分布性质进行的关键词提取。算法步骤如下：（1）获取候选关键词：从文章中获取候选关键词，也可以再根据词性选取候选关键词；（2）语料学习：根据大规模语料学习得到主题模型；（3）计算文章主题分布：根据得到的隐含主题模型，计算文章的主题分布和候选关键词分布；（4）排序：计算文档和候选关键词的主题相似度并排序，选取前 n 个词作为关键词。

算法的关键在于主题模型的构建。主题模型是一种文档生成模型，对于一篇文章,我们的构思思路是先确定数个主题,然后根据主题想好描述主题的词汇,将词汇按照语法规则组成句子、段落,最后生成一篇文章。

主题模型也是基于这个思想,它认为文档是一些主题的混合分布,主题又是词语的概率分布,PLSA 模型就是第一个根据这个想法构建的模型。同样地,反过来想,我们找到了文档的主题,然后主题中有代表性的词就能表示这篇文档的核心意思,就是文档的关键词。

根据上述算法步骤,我们可以在"一带一路"推文上构建主题模型,最终抽取得到其中的关键词作为社交媒体倾向性分析评价方面的参考。

综合基于观察的分析和基于关键词抽取的分析,我们总结了最终在"一带一路"社交媒体文本上做情感倾向性分析的评价方面,分别是政治(politics)、经济(economy)、文化(culture)和环境(environment)四方面。

(二)情感等级的定义

在情感等级的定义上,传统的情感分析任务有些定义在两个类别上,也就是积极(positive)和消极(negative),也有些定义在三个类别上,也就是积极(positive)、消极(negative)和中性(neutral),还有些定义在四个类别上,分别是积极(positive)、消极(negative)、中性(neutral)以及冲突(conflict)。

在面向"一带一路"的社交媒体文本的细粒度情感分析中,给定的一段文本以及其中的某个评价对象,在一个评价方面上的情感应该是复杂的,传统的分类可能无法准确地描述情感极性以及强度。因此,针对这个研究课题,我们定义情感等级为-2、-1、0、+1 和+2,其中小于 0 表示情感极性是消极的,等于 0 表示情感极性是中性的,大于 0 表示情感极性是积极的,同时数值表示情感强度,-2 表示最消极,+2 表示最积极。

综上,我们完成了面向"一带一路"社交媒体文本的倾向性分析的任务定义。

第三节　细粒度情感分析主要方法和模型

　　面向"一带一路"相关社交媒体的细粒度情感分析，本研究在任务转换、网络结构改进、知识引入等方面做了基础性工作。本节详细阐述在该任务上的两个主流的代表性方法，并讨论其在本研究中的适用性。

一、基于任务转换的方法

　　自谷歌在 2018 年 10 月公布 BERT（Bidirectional Encoder Representation from Transformers）在 11 项自然语言处理任务中取得最好的效果之后，BERT 在自然语言处理领域得到广泛使用。但是在细粒度的面向评价对象和评价方面的情感分析中，BERT 并没有取得想要的效果，为此 Sun 等人认为这是对 BERT 的不正确使用造成的。考虑到 BERT 可以表示单一句子和一对句子，并且 BERT 在问答（Question and Answer，QA）和自然语言推断（Natural Language Inference，NLI）中取得了良好的性能，可以将情感分析任务转化为句子对的分类任务。

　　具体来说，在 Sentihood 数据集上，对给定的一个句子"LOCATION2 is central London so extremely expensive，LOCATION1 is often considered the coolest area of London"，可以提取其中的评价对象（Target）和评价方面（aspect）。（见表 3.2）

表 3.2　**Sentihood 数据集中一个例子的评价对象、评价词及情感**

目标	方面	情感
LOC1	general	Positive
LOC1	price	None

目标	方面	情感
LOC1	safety	None
LOC1	transit-location	None
LOC2	general	None
LOC2	price	Negative
LOC2	safety	None
LOC2	transit-location	Positive

对辅助句的构造，可以用四种方法进行，分别是 QA-M、NLI-M、QA-B 和 NLI-B。（见表 3.3）

表 3.3　辅助句的四种构造方法

方法	输出	辅助句
QA-M	S. P.	Question w/o S. P
NLI-M	S. P.	Pseudo-sentence w/o S. P.
QA-B	{yes, no}	Question w/ S. P.
NLI-B	{yes, no}	Pseudo-sentence w/ S. P.

给定评价对象—评价方面的评价组合（如 LOCATION1，safety），四种方法生成的辅助句如下。

（1）对于 QA-M，生成的句子是"What do you think of the safety of loca-tion - 1"。辅助句中不带标签，输出是情感标签中的一种，是一个多分类任务。

（2）对于 NLI-M，生成的句子是"location - 1 - safety"。同样地，辅助句中不带标签，输出是情感标签中的一种，也是一个多分类任务。

（3）对于 QA-B，根据情感标签的数量，生成的句子有三个，分别是"The polarity of the aspect safety of location - 1 is positive""The polarity of the aspect safety of location－1 is negative""The polarity of the aspect safety of loca-tion－1 is none"。辅助句中带有情感标签，输出是｛yes，no｝，是一个二分类任务。

（4）对于 NLI-B，同样地，根据情感标签数量，生成的句子也有三个，分别是"location－1－safety－positive""location－1－safety－negative""location－1－safety－none"。辅助句中带有情感标签，输出是｛yes，no｝，是一个二分类任务。

在构造完辅助句后，将原始句子和构造的辅助句作为一个句子对输入BERT 中，并对 BERT 进行微调。实验结果表明，这种构造辅助句并将任务转换为句子对的分类任务能更好地利用 BERT，取得较好的效果。

二、基于嵌入方式改进的方法

在面向评价对象和评价方面的细粒度情感分析中，目前的方法没有为评价对象和评价方面进行合理的预训练嵌入，这可能会导致在不同的上下文中评价对象和评价方面的表示是相同的，丢失了上下文相关信息。为此，与传统的上下文无关或者随机初始化的嵌入方法相比，Liang 等人提出了新的方法，利用稀疏系数向量来调整评价对象和评价方面在上下文中的表示。① （该模型图示见图 3.2）

给定句子 S，可以表示为一个矩阵 $X \in R^{m \times n}$，其中 n 是句子长度，m 是词嵌入的维度。

（一）评价对象的表示

评价对象的表示目标是根据句子中最相关的词语，从中学习到相应的向

① LIANG B, DU J, XU R, et al. Context－Aware Embedding for Targeted Aspect－Based Sentiment Analysis ［C］//Proceeding of the 57th Annual Meeting of the Association for Computational Linguistics. Florence, Italy：Association for Computational Linguistics, 2019：4678-4683.

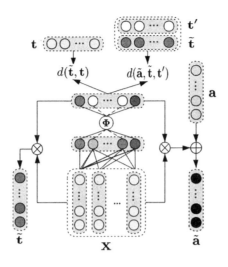

图 3.2   模型结构

量。可表示:

$$\tilde{t} = X * u'$$

其中 u' 是稀疏向量,表示上下文中不同单词的重要程度,定义:

$$u' = \Phi \ (u)$$

Φ 是一个函数,其定义如下:

$$\Phi \ (u_i) = \begin{cases} u_i & u_i \geqslant mean \ (u) \\ 0 & u_i < mean \ (u) \end{cases}$$

mean (·) 是一个平均函数,向量 u 由一个非线性函数得到,

$$u = f \ (X^T \cdot W + b)$$

W 和 b 分别表示权重矩阵和偏置项,对每一个评价对象,为了学习到上下文相关的信息,可以通过以下目标函数进行优化,

$$d(\tilde{t}, \ t) = \sum_{i=1}^{n} \Big(\sum_{j=1}^{m} \ (\tilde{t}_i^j - t_i^j)^2 + \lambda u_i' \Big)$$

通过迭代,直至 u' 中的非零项的数目 k 达到一个阈值 c,即 k≤c,则学

习完成。

（二）评价方面的表示

总的来说，评价方面包含着最重要的语义信息，除了评价方面自身，与其相关的上下文也会影响其表示。根据评价对象的表示，可以重新定义评价方面的表示。通过整合高度相关的上下文信息，评价方面的表示中每个元素可以用以下公式计算：

$$\tilde{a}_i = a_i + aX_i * u_i'$$

其中 α 是控制上下文对评价方面影响的参数。对每一个评价方面，微调旨在通过最小化平方欧几里得来使其靠近相关的评价对象，同时远离不相关的。目标函数如下所示：

$$d(\tilde{a}, \tilde{t}, t') = \sum_{i=1}^{n} \left[\sum_{j=1}^{m} ((\tilde{a}_i^j - \tilde{\iota}_i^j)^2 - \beta(\tilde{a}_i^j - t_i'^j)^2) + \lambda u_i' \right]$$

通过学习目标函数，最后得到评价方面的表示 $\tilde{a}$ 。

在得到上下文相关的评价对象和评价方面的表示后，将其输入模型中进一步学习句子的表示，最后做分类得到句子在特定评价对象和评价方面上的情感倾向。

第四节　"一带一路"社交媒体的细粒度情感分析模型

在"一带一路"相关的英文社交媒体内容的情感倾向性分析中，与一般的评论数据相比，其文本相对较长，对给定的评价对象，评价词可能会显式或隐式地出现在离评价对象较远的位置。要判断该评价对象的情感，需要获取文本中与该评价对象相关的长距离依赖关系，并对"一带一路"相关的上下文信息进行建模。例如，对推文"The construction of the Southern Malaysia Railway started in 2018. When we interviewed the local people's views on the imple-

94

mentation of the project, the answers they gave were yes", 评价对象 "Southern Malaysia Railway" 出现在句首, 而评价词 "yes" 出现在句尾。

同时, "一带一路" 的文本, 与通用领域的情感分析相比, 可以引入一些额外的常识性知识进行补充, 以此来提高情感分析的精度。例如, 对推文 "The large-scale urban complex 'Forest City' pioneered by Country Garden in Johor, Malaysia is currently under smooth construction. It has been described as an opportunity for the 'Belt and Road' initiative. The project is expected to be built at 'China speed'", 在常识知识库中, 森林 "Forest" 代表着绿色和希望, 表达正向的情感, 尤其在环境影响方面更是如此。通过引入类似的常识性知识, 可以帮助模型学习到更多的知识。

因此, 针对 "一带一路" 相关的英文社交媒体内容的情感倾向性分析问题, 本研究提出了一个融合常识性知识的注意力机制模型。(见图3.3)

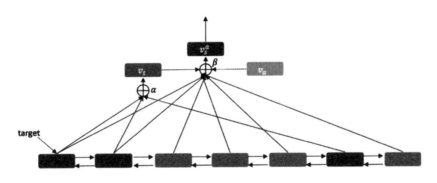

图3.3 面向"一带一路"英文社交媒体文本的情感分析框架

整个模型可分为五个模块。首先是嵌入层, 将文本在字词级别上进行编码, 将每个词映射到固定的维度; 然后是常识性知识嵌入模块, 利用一个 LSTM 网络学习常识性知识的表示; 接着是双向 LSTM 编码层, 对上下文和目标位置信息进行编码, 以捕获长距离的依赖关系; 再者是注意力编码层, 建立目标和上下文之间的关系; 最后是输出层, 将注意力层的输出进行拼接,对情感进行分类。

一、词嵌入模块

在利用深度学习的情感分析中，词嵌入作为输入模块有着基础而重要的作用。最初的独热编码具有稀疏性，不能表示词语之间的语义关系等问题，所以本模型使用两种词嵌入方法，分别是 word2vec 和 Glove。

（一）word2vec 与其他词嵌入方法的对比

在自然语言处理（Natural Language Processing，NLP）中，最细粒度的是词语，词语组成句子，句子再组成段落、篇章、文档。词语，是人类的抽象总结，是符号形式的（如中文、英文、拉丁文等），所以需要把它们转换成数值形式，或者说——嵌入一个数学空间里，这种嵌入方式，就叫词嵌入（word embedding），而 word2vec，就是词嵌入（word embedding）的一种，目的是把一个词语转换成对应向量的表达形式，来让机器读取数据。

在对词语进行向量化表示的过程中，最简单的就是用"独热"（one-hot）的编码方式。给定若干篇文档，统计其中不同的单词个数，把此作为向量的维度，然后对于一篇文档，在向量的每个维度上，如果单词在文档中出现了，那么该维度的值为1，否则该维度的值为0。该方法表示简单，但是存在一些问题。第一个问题是数据稀疏和维度灾难。数据稀疏也就是向量的大部分元素为0，如果词袋中的字词达数百万个，那么由每篇文档转换成的向量的维度是数百万维，由于每篇文档去重后字数较少，因此向量中大部分的元素是0。第二个问题是没有考虑句中字的顺序性，假定字之间相互独立。这意味着意思不同的句子可能得到一样的向量。第三个问题是没有考虑字的相对重要性。这种表示只考虑字出现没有，而不考虑出现的频率，但显然一个字出现的次数越多，一般而言越重要（除了一些没有实际意义的停用词）。

改进的方法是 TF-IDF。TF-IDF 用来评估字词对文档集合中某一篇文档的重要程度。字词的重要性与它在某篇文档中出现的次数成正比，与它在所有文档中出现的次数成反比。TF-IDF 的思想比较简单，但是非常实用。然而这种方法还是存在着数据稀疏的问题，也没有考虑字的前后信息。

上述词袋模型的两种表示方法假设字与字之间是相互独立的，是没有考虑它们之间的顺序的。于是引入 n-gram（n 元语法）的概念。n-gram 是从一个句子中提取 n 个连续的字的集合，可以获取字的前后信息。一般 2-gram 或者 3-gram 比较常见。这种表示方法的好处是可以获取更丰富的特征，提取字的前后信息，考虑了字之间的顺序性。但是问题也是显而易见的，这种方法没有解决数据稀疏和词表维度过高的问题，而且随着 n 的增大，词表维度会变得更高。

word2vec 是 Google 的 Mikolov 等人提出来的一种文本分布式表示的方法，这种方法是对神经网络语言模型的"瘦身"，巧妙地运用层次 softmax（hierarchical softmax）和负采样（Negative sampling）两种技巧，使得原本参数繁多、计算量巨大的神经网络语言模型变得容易计算。

对于本研究提出的针对"一带一路"的细粒度社交媒体倾向性分析模型，词嵌入部分需要选用 word2vec 这种能够表示上下文信息的方法，而不是早期的独热或者 n-gram 编码。

（二）word2vec 的实现方法

word2vec 有两种实现方法，分别基于 CBOW（continuous bag of word）和 Skip-Gram，两种结构各有侧重。（参见图 3.4）

CBOW 的输入是某一个特征词的上下文相关的词对应的词向量，而输出就是这特定的一个词的词向量，即先验概率。训练的过程包含输入层（input）、映射层（projection）和输出层（output）。Skip-Gram 与 CBOW 有着相反的思路，即输入是特定的一个词的词向量，而输出是特定词对应的上下文词向量，即后验概率。训练的过程也包含输入层（input）、映射层（pro-

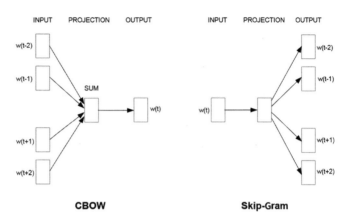

图 3.4　word2vec 两种实现方法

jection）和输出层（output）。

　　基于 CBOW 和 Skip-Gram 的 word2vec 只考虑词的局部信息，没有考虑词与局部窗口外词的联系，Glove 利用共现矩阵，同时考虑了局部信息和整体的信息。因此，本研究同时考虑使用 Glove 作为词嵌入，观察不同的词嵌入方法对最终结果的影响。

　　训练得到的词向量中每个词都表示为固定维度（50、200 等）的向量，设 $M_w \in R^{d_w \times |V|}$ 为嵌入矩阵，d_w 是词向量的维度，$|V|$ 是词典单词数目，本研究可以将每个 one-hot 表示的单词 $w_i \in R^{|V| \times 1}$ 与 M_w 相乘，得到 $x_i \in R^{d_w \times 1}$。

二、常识性知识嵌入模块

　　对于常识性知识，常用的有领域情感词典，如 SenticNet、SentiWordNet 等，以及一些包含领域信息的知识库。因为常识性知识通常被认为是理所当然的概念，因此不存在文本中，本研究可以合理地假设常识性知识与文本是互补的关系。本研究提出一个编码常识性信息的 LSTM 网络，作用是协助时间步之间的信息过滤以及为评价对象提供补充信息。

　　以常用的常识性知识库 SenticNet 为例，其中包含了五万多个与情感属性相关的概念，这些情感属性不仅提供了概念层面的表示，而且还提供了与方面和情感相关的语义链接。

SenticNet中的示例如下表所示，对于"rotten fish"这个概念，它有属性"KindOf-food"，这在餐馆评论数据中与直接和评价方面的"food"相关，同时，它也有属性"Arises-joy"，这可以帮助情感极性的监测。（见表3.4）

表3.4 SenticNet 中的词及其属性

SenticNet	IsA-pet	KindOf-food	Arises-joy	...
dog	0.981	0	0.789	...
cupcake	0	0.922	0.910	...
rotten fish	0	0.459	0	...
police man	0	0	0	...
win lottery	0	0	0.991	...

SenticNet的语义网络也因此趋向复杂，如cake这个词条就形成一个复杂的网状结构（见图3.5）。

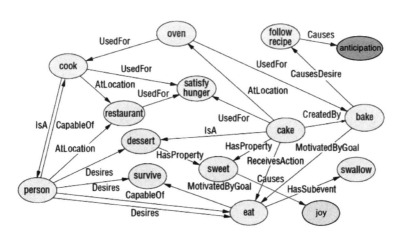

图3.5 SenticNet 中词条"cake"的语义网络

从网络中，本研究可以获取描述词之间的语义关系以及相应的属性，进一步地，本研究可以将其中的知识通过映射得到低维空间的表示，方便后续任务的使用。

本研究面向"一带一路"社交媒体文本，SenticNet 中的知识库具有领域特殊性，并不能在研究中得到充分利用，但是本研究可以借助其中的方法，以数据来源的查询词为基础，搜集相关的背景知识，构建相应的领域知识库，然后进一步将知识嵌入模型的学习中，以帮助模型更好地学习文本中提到的评价方面以及对应的情感极性。"一带一路"知识库中的关键词和属性有其特殊性。（见表 3.5）

表 3.5　"一带一路"知识库中的词及其属性

BRINet	Is Transport	Is Energy	Is GoodForEnviron	⋯
Gwadar Port	1	0	0.732	⋯
Forest City	0	1	0.974	⋯
China Railway Express	1	0	0.542	⋯
Yanbu Aramco Sinopec Refining Company Ltd.	0	1	0.127	⋯

其中的巴基斯坦瓜达尔港（Gwadar Port）项目，从以上知识库中，可以知道这是一个交通项目而非能源项目，同时港口的建设也会对周围的环境产生偏正向的影响；其中的森林城市（Forest City）项目，显然其对环境是正向的影响；沙特延布炼厂（Yanbu Aramco Sinopec Refining Company Ltd.），这是一个能源项目，但是炼油厂属于重工业项目，会对环境造成一定的负面影响。

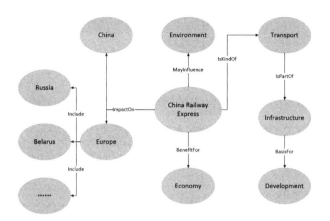

图3.6 "一带一路"知识库中词条"China Railway Express"的语义网络

中欧班列（China Railway Express）项目，可以看到与之相关的语义网络（参见图3.6），其中项目的建设作用于中国（China）和欧洲（Europe），欧洲包括俄罗斯（Russia）、白俄罗斯（Belarus）等国家。同时，这个项目是"一带一路"交通类项目的一种，而交通类项目是基础设施建设（Infrastructure）的一部分，基础设施的建设能够加速发展（Development）。中欧班列的建设能够对相关区域的经济（Economy）发展产生有益影响。

对常识性知识的嵌入目标是将其表示为固定维度的向量，从而能够将其融入模型中，来让模型捕获相关知识，从而在面向"一带一路"的细粒度情感分析中能够得到包含更多信息的句子表示，提高情感分析的准确性。

常识性知识的嵌入如下所示：

对于包含 K 个常识的集合：

$$S = \{ \mu_{i,1}, \mu_{i,2}, \cdots, \mu_{i,k} \}$$

本研究将其组合成一个向量：

$$\mu_i = \frac{1}{k} \sum_j \mu_{i,j}$$

然后通过一个 LSTM 网络，本研究得到常识的表示：

$$f_i = \sigma(W_f[x_i, \ h_{i-1}, \ \mu_i] + b_f)$$

$$i_i = \sigma(W_i[x_i, \ h_{i-1}, \ \mu_i] + b_i)$$

$$o_i = \sigma(W_o[x_i, \ h_{i-1}, \ \mu_i] + b_o)$$

$$o_i^c = \sigma(W_{co}[x_i, \ h_{i-1}, \ \mu_i] + b_{co})$$

$$\tilde{C}_i = \tanh(W_C[x_i, \ h_{i-1}] + b_C)$$

$$C_i = f_i * C_{i-1} + i_i * \tilde{C}_i$$

$$h_i = o_i * \tanh(C_i) + o_i^c * \tanh(W_c\mu_i)$$

将得到的常识表示融入模型中，以帮助模型通过额外的知识补充更多的学习情感信息。

三、双向 LSTM 编码层

长短记忆网络（Long Short Term Memory Network，LSTM）是一种特殊的循环神经网络（Recurrent Neural Network，RNN），是为了解决长期依赖问题而提出的。该网络由 Hochreiter 和 Schmidhuber（1997）引入，并有许多人对其进行了改进和普及。他们的工作被用来解决各种各样的问题，直到目前还被广泛应用。

对 RNN 的理解可以从以下角度进行：人对一个问题的思考不会完全从头开始。例如，人们在阅读一篇文章时，会根据之前接受过的信息来理解接下来看到的文字，而不是从头开始只理解当前的文字。早期的前馈神经网络等并不能做到上述的信息编码，不能满足序列预测等任务，例如，面向"一带一路"的细粒度情感分析任务。因此，这类任务需要用 RNN 来实现。RNN 通过不停地操作信息循环，保持信息持续存在，从而解决上述问题。

RNN 理论上能够将以前的信息融入接下来的任务，但是因为网络结构的原因，存在着明显缺陷。因此 LSTM 网络应运而生，通过引入门单元等结构，改进了传统 RNN 网络训练过程中梯度消失以及梯度爆炸的问题，能够更好地处理长距离依赖关系。

在面向"一带一路"的社交媒体倾向性分析任务中，需要对推特文本进行建模，在这种方面级别的情感分析中，对上下文以及其相对位置进行编码很重要，因为 RNN 网络存在梯度消失和梯度爆炸问题，本研究使用 LSTM 网络来编码，以更好地捕获长距离的依赖关系。（结构图见图 3.7）

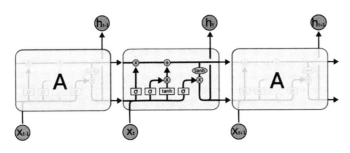

图 3.7 LSTM 网络结构

一个典型的 LSTM 单元包含三种门，分别是遗忘门（forget gate）、输入门（input gate）与输出门（output gate），其具体公式定义如下：

$$f_i = \sigma(W_f[x_i, h_{i-1}] + b_f)$$

$$i_i = \sigma(W_i[x_i, h_{i-1}] + b_i)$$

$$o_i = \sigma(W_o[x_i, h_{i-1}] + b_o)$$

$$\tilde{C}_i = \tanh(W_C[x, h_{i-1}] + b_C)$$

$$C_i = f_i * C_{i-1} + i_i * \tilde{C}_i$$

$$h_i = o_i * \tanh(C_i)$$

其中，f_i，i_i，o_i 分别是遗忘门、输入门和输出门。W_f，W_i，W_o，b_f，b_i，b_o 分别是每个门的权重矩阵和偏移常量。C_i 为单元状态，h_i 为隐层的输出。

一般的 LSTM 在对句子信息进行建模时，因为信息流动是单向的，无法编码从后到前的信息，在更细粒度的多分类中，例如，正向和负向都有相应的情感强度的分类任务，情感词、程度词、否定词之间的交互变得更为重要，需要进行双向的编码以学习更多信息，因此考虑使用双向 LSTM（Bi-LSTM）模型。

在经过双向 LSTM 网络后，得到的隐藏层输出为

$$H = \{ h_1, h_2, \cdots, h_L \}$$

其中，

$$h_i = [\overrightarrow{LSTM(x_i)}; \overleftarrow{LSTM(x_i)}]$$

四、注意力编码层

本研究的内容是"一带一路"社交媒体上的细粒度情感分析，即对给定的一条推特文本及其中的评价对象，分析其在评价方面上的情感。这就意味着，如果一段文本中有多个评价对象，而每个评价对象又有多个评价方面，那么对于每个评价组合，最终得到的句子表示应该是不同的，也就是说对句子的编码应该聚焦在当前评价组合上。于是，需要引入注意力机制来建立评价组合和上下文之间的关联，以此得到特定评价组合上的句子表示。

深度学习中的注意力机制以人类的注意力机制为模拟对象。人类视觉有一种特有的视觉注意力机制，这种大脑信号处理机制使得人类可以通过快速扫描全局图像来获得需要重点关注的目标区域。通常，我们的视觉都会有注意力焦点，并对这一区域投入更多注意力资源，以获取更多所需要关注目标的细节信息，而抑制其他无用信息。这是人类在长期进化中形成的一种生存机制，人类利用有限的注意力资源，从大量信息中快速筛选出高价值信息的手段，极大地提高了视觉信息处理的效率与准确性。由此出发，人们提出了深度学习中的注意力机制，核心目标是从众多信息中选择出对当前任务目标更关键的信息。

注意力（attention）机制的本质可以被描述为一个查询（query）到一系

列（键 key-值 value）对的映射。（见图 3.8）

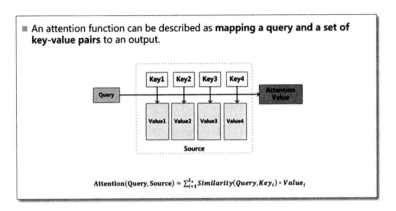

图 3.8　注意力机制原理

注意力的计算主要分为三步：

第一步，将 query 和每个 key 进行相似度计算得到权重，常用的相似度函数有 dot、concat、mlp 等；

第二步，使用 softmax 对权重进行归一化；

第三步，对归一化后的权重和键值进行加权求和，得到最后的注意力。在自然语言处理的相关任务中，Key 和 Value 通常是相同的。

为了建立目标和上下文之间的关联，需要在目标级别以及句子级别分别计算注意力权重，结合隐藏层的输出得到目标的表示以及文本在目标上的表示。

（一）目标级别的注意力

经过双向 LSTM 层，本研究可以得到上下文的隐藏层输出，对给定的评价对象：

$$T = \{\, t_1,\ t_2,\ \cdots, t_m \,\}$$

其中的 m 表示评价对象包含的词的个数，在双向 LSTM 编码层它们的输出为

$$H' = \{\, t_1,\ t_2,\ \cdots, t_m \,\}$$

可以计算得到目标的向量化表示为

$$v_t = H'\alpha = \sum_j \alpha_j h_{t_j}$$

其中，

$$\alpha = \{ \alpha_1, \alpha_2, \cdots, \alpha_m \}$$

表示注意力的权重，它经过 softmax 计算得到：

$$\alpha = softmax\ (W_\alpha^{(2)}\ tanh\ (W_\alpha^{(1)}\ H)')$$

在目标级别的注意力中，本研究得到了目标的向量化表示。

（二）句子级别的注意力

在句子级别的注意力中，对给定的长度为 L 的句子，隐层的输出为

$$H = \{ h_1, h_2, \cdots, h_L \}$$

以此计算得到的句子的表示为

$$v_{s,t}^a = H\beta = \sum_i \beta_i h_i$$

其中，

$$\beta = \{ \beta_1, \beta_2, \cdots, \beta_L \}$$

表示句子级别的注意力，同样地，它也通过 softmax 计算得到：

$$\beta_a = softmax(v_a^T tanh(w_m(H' \odot v_t)))$$

自此，通过句子级别的注意力，本研究得到了文本在目标上的向量化表示。

五、输出层

在输出层，本研究将最后得到的句子表示通过全连接层映射到分类类别的维度上，最后用一个 softmax 函数计算句子在每个情感类别上的概率：

$$p_{c,t}^a = softmax\ (W^p v_{s,t}^a + b_s^a)$$

在训练过程中，所使用的损失函数为交叉熵：

$$\mathcal{L}_s = \frac{1}{|D|} \sum_{s \in D} \sum_{t \in s} \sum_{a \in A} \log p^a_{c,t}$$

通过设计，本研究建立了面向"一带一路"的英文社交媒体倾向性分析模型，基于此模型，对于给定的"一带一路"文本以及其中的评价对象，本研究能够计算其在评价方面上的情感极性。

第五节 "一带一路"社交媒体情感分析系统设计与实现

基于前述面向"一带一路"网络传播媒体的倾向性分析模型，本研究设计开发了验证系统，实现了训练效果达标的模型，不仅有效完成了本章的研究目标，还可以为后续其他工作及相关应用提供实际支撑。

一、后端模型的设计

在后端模型的搭建部分，根据前述提出的基于深度学习的情感分析模型，鉴于 Python 的简洁易用性、社区成熟性（框架多、类库多、教程丰富）以及领域先发优势，本章选用 Python 作为主要开发语言。在框架的选择上，本章选用目前学术界和工业界最主流的 Pytorch 或者 TensorFlow 作为模型的框架。

二、前端展示模块的设计

在前端展示模块的搭建部分，选用 Flask 作为开发框架。Flask 是一个轻量级的可定制框架，使用 Python 语言编写，较其他同类型框架更为灵活、轻便、安全且容易上手。此外，Flask 的可定制性强，用户可以根据自己的需求来添加自己的功能，在保持核心功能简单的同时实现功能的丰富与扩展，其强大的插件库可以让用户实现个性化的网站定制，开发出功能强大的网站。

（图 3.9 展示了前端展示模块所实现的功能）

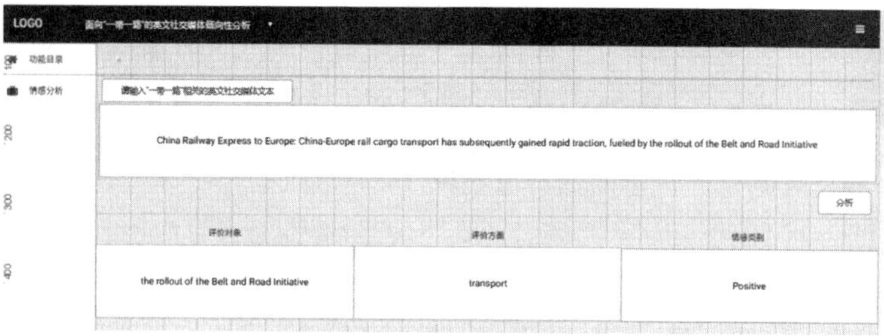

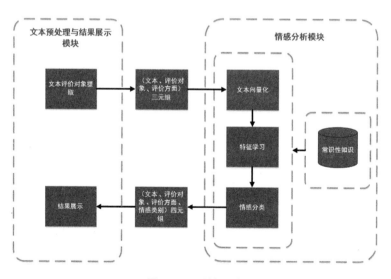

图 3.9　功能设计

　　在功能设计中，对用户给定的"一带一路"相关的社交媒体文本，系统通过预处理给出（文本、评价对象、评价方面）三元组，将三元组输入模型中计算情感类别，得到（文本、评价对象、评价方面、情感类别）四元组，将结果输出到前端展示页面中。

　　在搭建完后端模块和前端展示模块后，就形成了整个系统的工作流程。（图 3.10）

图 3.10　系统设计

对比其他的情感分析系统,本章系统在评价粒度、评价领域等功能上有诸多不同。(参见表3.6)

表3.6 功能对比

功能 系统	特定领域	面向特定评价对象	面向特定评价方面
通用情感分析系统	否	否	否
基于评论数据的 情感分析系统	是	是/否	否/是
面向"一带一路" 的倾向性分析系统	是	是	是

在通用的情感分析系统,如腾讯开放平台的情感分析模块中,一般是输入一段文本,给出这段文本的情感是积极的、消极的还是中性的,或者给出这段文本的情感值,如果情感值的范围是0到10,那么越接近0表示情感越消极,越接近10表示情感越积极,在5附近表示情感趋于中性。这种系统一般不考虑文本的来源,能够处理通用领域的文本,系统构建的重点在挖掘文本中的情感词以及一些上下文,这也是目前最常用的情感分析系统。

在更细粒度的情感分析系统中,例如,基于餐馆或者商品评论训练的情感分析系统中,所使用的方法或者模型是基于特定领域的数据得到的,因此具有领域特殊性,虽然输入其他领域的数据也能得到情感分析结果,但因为不同领域中的知识会有不同,一些能够指示情感信息的词在不同领域中的情感极性会有所不同,所以结果的正确性会受到影响。此外,这些系统一般要么能够分析得到文本中评价对象的情感,要么能分析文本在一些评价方面上的情感,从实际需求出发,几乎没有同时在评价对象和评价方面上做情感分析的。

在面向"一带一路"的倾向性分析研究中,本研究从问题背景出发,设计了细粒度的情感分析方法。首先，该方法面向"一带一路"相关的特定人群，具有领域特殊性，因为在模型的构建中，其中一个重要步骤是引入常识性知识，而知识都是与"一带一路"相关的，对于其他领域并不适用。其次，系统将对文本的情感分析定义在更细粒度的层级上，即对于给定的一段文本及其中的评价对象（通常是"一带一路"相关的概念、项目和事件），本研究分析其在各个评价方面（"economy""environment"等）上的情感。系统的设计更具有针对性，系统所实现的功能对评价"一带一路"的传播效果具有重要作用。

第六节　"一带一路"社交媒体情感分析实验和数据分析

为了分析"一带一路"的传播效果，本节依托前述章节采集的样本数据集，根据本章对"一带一路"社交媒体倾向性分析的问题定义以及提出的相对应的方法和模型，构建了细粒度情感分析实验数据集。为了验证模型的有效性，选取了基于词典的方法和基于深度学习的方法进行对比，并设计和实现了详细的实验过程。

一、数据收集

由原始数据库中的数据，对其中的 pcontent 字段的每条记录，人工标注其中与"一带一路"相关的概念、项目以及事件在每个评价方面上的情感等级，构成标准数据集。对数据集进行划分，构成实验所需的训练集、验证集和测试集。（数据库结构图见图 3.11，数据集格式见图 3.12）

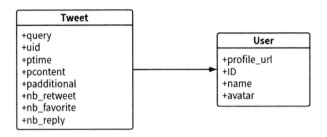

图 3.11 数据库中表结构

```
{
    "opinions": [
        {
            "sentiment": "Positive",
            "aspect": "transport",
            "target_entity": "the rollout of the Belt and Road Initiative"
        }
    ],
    "id": 1,
    "text": " China Railway Express to Europe: China-Europe rail cargo transport has subsequently gained rapid traction, fueled by the rollout of the Belt and Road Initiative"
},
```

图 3.12 数据集格式

二、模型计算

使用社交媒体倾向性分析算法进行模型计算,得到每条数据中的每个评价对象在每个评价方面上的情感倾向。

三、实验验证

将计算结果和标签数据进行对比验证。本研究选用 Acc 和 Macro-F1 作为评价指标,其中 Acc 表示分类正确的样本占总样本的比例,Macro-F1 表示对每个类别,分别计算查准率 P（precision）、查全率 R（recall）、F1,然后取平均值,其中 P、R、$F1$ 的计算公式如下:

$$P = \frac{TP}{TP+FP}$$ 查准率=真正/（真正+假正）= predicted and true positive/predicted positive

$$R = \frac{TP}{TP+FN}$$ 查全率 = 真正/（真正＋假反）= predicted and true positive/ true positive

$$F1 = \frac{2 \times P \times R}{P+R}$$

四、实验结果

在实验结果部分，通过对比前述工作的方法，分析本研究所提出的针对"一带一路"的英文社交媒体倾向性分析模型的有效性。

在无标注的数据中，本研究先以无监督的方法进行课题研究，在计算得到每条文本的所有评价对象在每个评价方面上的情感极性后，抽样计算该方法的效果，把此作为基准方法。

本研究把基于词典的方法作为工作的基础和对比目标。

（一）基于词典的方法

从课题的研究数据出发，虽然数据的来源是以"一带一路"译文、相关项目、相关政策为关键词在推特上搜索得到的，但是因为推特本身有其搜索策略，所以并不是所有推文都包含上述的某一个关键词。而且通过查看部分爬取结果，存在文本太短、有效内容不足等现象，所以需要对文本进行预处理。

一段能够进行细粒度情感分析的文本必定有评价对象以及相应的评价词。"一带一路"的社交媒体文本评价对象在 2 个单词到 5 个单词之间，评价词至少有一个，加上文本的一些连接词，因此本研究将单词总数少于 7 个的定义为无效的文本。

如前文所述，因为推文中存在很多不包含一个完整关键词的情况，所以评价对象的抽取不能简单地用关键词词表去匹配，而且其中提到的一些关键词可能并不是文本主要描述的对象，因此需要从句子结构出发，挖掘其中的主要评价对象，并通过计算相似度和设定阈值确定文本描述对象是不是"一带一路"社交媒体文本的情感分析评价对象。

评价对象的抽取。评价对象的抽取方法有无监督和有监督的学习方法，其中无监督的方法具有领域无关、语言无关的优势，可以方便迁移到其他领域或语言中，但存在精度问题；而有监督的方法在近几年得到不断发展，但训练数据的获取是一个重要问题。自评价对象抽取任务提出以来，从最开始的基于频率的方法到基于模板规则的方法再到基于图论的方法，再到基于条件随机场的方法，最后到目前的基于深度学习的方法，抽取效果也得到了提升。在"一带一路"的相关推文上，本研究采取无监督的抽取方法。给定一段推文文本，本研究利用自然语言处理工具（如 Stanford NLP）对其进行词性标注和依存句法分析，得到其中的中心词成为候选的评价对象。

基于关键词表的相似度计算与阈值定义。上述得到的候选评价对象并不一定是本研究想要的"一带一路"相关的概念、项目或者事件，因此需要对其进行过滤。对此，本研究利用已有的数据训练词向量，得到领域相关的词表示，在此基础上，从搜集得到的"一带一路"相关的概念、项目和事件的种子词出发，进行聚类，得到概念、项目和事件三个聚类中心。对前述的每一个候选评级对象，计算其与三个聚类中心的相似度，通过抽样计算，得到在每一个聚类中心上相似度达到多少阈值能够成为最终的评价对象。以得到的聚类中心和其对应的阈值为基础，可以判断并过滤候选的评价对象。最终对每一条"一带一路"相关的推文，可以得到其中的评价对象。

在基于词典的情感分析过程中，本研究仍然利用词性标注和依存句法分析工具，从中得到对评价对象的修饰形容词，在词典中查找评价词的情感值，根据句法结构对多个评价词进行加权平均，得到该文本中该评价对象的情感倾向。

在基于查询词采集的数据中，对推文内容，根据前述分析，过滤单词数

少于 7 个的推文，得到了相应的文本信息。（参见表 3.7）

表 3.7　基于查询词采集的数据统计

有效推文条数	18199
最大句子单词数	57
最小句子单词数	7
平均句子单词数	24.7
平均评价对象数	0.75
平均评价方面数	1.03

在基于相关用户采集的数据中，对推文内容，类似地先进行过滤，得到了相应的文本信息。（参见表 3.8）

表 3.8　基于相关用户采集的数据统计

有效推文条数	11233
最大句子单词数	60
最小句子单词数	7
平均句子单词数	27.4
平均评价对象数	0.72
平均评价方面数	0.98

因为 Twitter 的查询策略，所以并非每一条推文都能采集到评价词。所采集的推文中有一部分只是在形式上引用了"一带一路"相关的查询词。例如，"*Alexa, show me #BeltAndRoad.*"这条推文只是用户展示他/她与智能语音助手 Alexa 进行语音交互以索取新闻的情景，只能从侧面显示出用户对"一带一路"的兴趣。有另一部分推文不包含或包含与"一带一路"不相关的评价对象和评价方面。例如，"*Stunning view, is this at Gwadar Port?*"这条推文是讨论瓜达尔港的风景问题，与"一带一路"直接关系不大。在采集到

的数据中进行的数据统计也显示出因为推文字数的限制和推特查询策略，平均一条推文的评价对象不足 1 个。

如何在有限评价词采集中分析推文的情感倾向性？本方法进行了相应设计，整合基于查询词和基于相关用户的推文，利用 Gensim 进行词向量训练，使用 skip-gram 模型，默认窗口为 5。词表中共包含 75485 个单词，每个单词的向量维度为 200。对查询词表中在词向量词表中存在的每个词，利用 k-means 进行关键词聚类，得到聚类中心，这可以反映出推文的情感倾向性。

以下通过例子阐述基于词典的情感倾向性分析过程。

实例："One belt One road will build the longest and most potential economy corridor in the world and it will also be Yuxing new development point."

通过 StanfordCoreNLP 进行分词、词性标注、命名实体识别、依存句法分析，得到了相应的分析结果。（参见表 3.9）

表 3.9　"一带一路"推文的分析结果

分词	['One', 'belt', 'One', 'road', 'will', 'build', 'the', 'longest', 'and', 'most', 'potential', 'economy', 'corridor', 'in', 'the', 'world', 'and', 'it', 'will', 'also', 'be', 'Yuxing', 'new', 'development', 'point', '.']
词性标注	[('One', 'CD'), ('belt', 'NN'), ('One', 'CD'), ('road', 'NN'), ('will', 'MD'), ('build', 'VB'), ('the', 'DT'), ('longest', 'JJS'), ('and', 'CC'), ('most', 'RBS'), ('potential', 'JJ'), ('economy', 'NN'), ('corridor', 'NN'), ('in', 'IN'), ('the', 'DT'), ('world', 'NN'), ('and', 'CC'), ('it', 'PRP'), ('will', 'MD'), ('also', 'RB'), ('be', 'VB'), ('Yuxing', 'VBG'), ('new', 'JJ'), ('development', 'NN'), ('point', 'NN'), ('.', '.')]
命名实体识别	[('One', 'NUMBER'), ('belt', 'O'), ('One', 'NUMBER'), ('road', 'O'), ('will', 'O'), ('build', 'O'), ('the', 'O'), ('longest', 'O'), ('and', 'O'), ('most', 'O'), ('potential', 'O'), ('economy', 'O'), ('corridor', 'O'), ('in', 'O'), ('the', 'O'), ('world', 'O'), ('and', 'O'), ('it', 'O'), ('will', 'O'), ('also', 'O'), ('be', 'O'), ('Yuxing', 'O'), ('new', 'O'), ('development', 'O'), ('point', 'O'), ('.', 'O')]

续表

依存句法分析	[('ROOT', 0, 6), ('nummod', 4, 1), ('compound', 4, 2), ('nummod', 4, 3), ('nsubj', 6, 4), ('aux', 6, 5), ('det', 13, 7), ('amod', 13, 8), ('cc', 8, 9), ('advmod', 11, 10), ('conj', 8, 11), ('compound', 13, 12), ('dobj', 6, 13), ('case', 16, 14), ('det',16, 15), ('nmod', 13, 16), ('cc', 6, 17), ('nsubj', 22, 18), ('aux', 22, 19), ('advmod', 22, 20), ('aux', 22, 21), ('conj',6, 22), ('amod', 25, 23), ('compound', 25, 24), ('dobj', 22, 25), ('punct', 6, 26)]

此外，还形成了依存分析树。(见图 3.13)

```
Constituency Parsing: (ROOT
  (S
    (S
      (NP
        (NP (CD One) (NN belt))
        (NP (CD One) (NN road)))
      (VP (MD will)
        (VP (VB build)
          (NP
            (NP (DT the)
              (ADJP (JJS longest)
                (CC and)
                (ADJP (RBS most) (JJ potential)))
              (NN economy) (NN corridor))
            (PP (IN in)
              (NP (DT the) (NN world)))))))
    (CC and)
    (S
      (NP (PRP it))
      (VP (MD will)
        (ADVP (RB also))
        (VP (VB be)
          (VP (VBG Yuxing)
            (NP (JJ new) (NN development) (NN point))))))
    (. .)))
```

图 3.13　“一带一路”推文的依存分析树

根据分析结果可以得到文本评价对象是“One belt One road”，对其中的每个单词查询其词向量并取平均作为评价对象的向量化表示。计算该表示向量与聚类中心的相似度，得到的相似度值为 0.87，大于 0.5，判断其是"一带一路"的评价对象。根据依存关系得到评价词"longest"和"potential"。在情感分析过程中，本研究使用 SentiWordNet 情感词典，查询两个评价词在情感词典中的情感值，把两个评价词与评价对象的距离倒数作为加权的权重，计算得到情感值是 0.93。根据词典中情感值的定义，这条推文在"One belt One road"这个评价对象上的情感倾向是积极的。本方法进一步将这个过程进行训练，进一步提升其自动化程度。

当然，这样的分析结果只是词典层面的。本方法提供的也是情感倾向性的基础性了解。对于每一个词的本义、引申义、比喻义，对于相关评价词与其他词语的组合与聚合，对于词语及整个推文所采用的修辞手法（如颂词、双关、隐喻、反讽等），以及对于复杂推文的深度语义结构，还需要国际传播研究者根据具体研究对象，结合内容分析、文本分析、修辞分析、话语分析等方法来开展深度研究。

（二）其他方法

除了传统的基于词典的方法，本研究还对比了其他模型。（参见表 3.10）

表 3.10 实验结果对比

	(Aspect) Macro-F1 (%)	(Sentiment) Acc (%)
TDLSTM	69.17	77.82
LSTM+TA	70.25	79.18
LSTM+TA+SA	73.68	82.59
OurModel	77.72	84.27

从实验结果可以看到，在评价方面的分类以及情感分类中，TDLSTM 的效果最差，引入了目标级别的注意力后，效果得到提升，引入了句子级别的注意力后，效果得到更大的提升。而本章提出的面向"一带一路"的细粒度

情感分析模型是效果最好的，原因在于该模型不仅使用了原有方法中目标级别和句子级别的注意力来学习文本在特定评价对象上的表示，还针对数据集的领域特殊性，引入了"一带一路"的常识性知识进行信息过滤，实验结果在一定程度上验证了该模型的有效性。

本章小结

　　本章的重点是面向"一带一路"的社交媒体进行倾向性分析，目标在于方法的探索和系统的构建。

　　本章从"一带一路"的背景出发，首先分析了当前"一带一路"舆情分析工作存在的不足。针对分析数据的来源（Twitter 上"一带一路"相关的推文），本研究将问题定位到细粒度的情感分析上。在对比了情感分析学术任务 SemEval 和 Sentihood 后，本研究给出了问题的定义与形式化表示。其中在评价方面的定义上，从"一带一路"背景、研究者及社会公众所关注的角度出发，寻找最合适的评价方面。在基于观察的分析中，通过查阅相关文献，得到社会最关心的"一带一路"可能带来影响的方面；在基于关键词抽取的分析中，本研究采用不同关键词抽取技术，抽取其中的关键词，并筛选得到与"一带一路"相关的词作为评价方面。综合上述两种分析，本研究得到最终在"一带一路"文本上进行情感分析的评价方面的定义。

　　在理论和方法上，本研究充分调研了细粒度情感分析的研究进展，并结合研究领域与问题定义，研究并提出了针对"一带一路"社交媒体倾向性分析的模型，在模型的每一部分，本研究从"一带一路"相关内容中的处理问题出发，详细进行了分析并设计了解决办法。模型中的重要组件是将"一带一路"相关的常识性知识引入模型中。本研究以 SenticNet 为基础，定义了

"一带一路"知识库的结构和网络，通过常识性知识的编码，向量化的额外知识能够帮助模型过滤无效信息并保留关键信息，从而提升在"一带一路"情感分析模型中的效果。

在实验和数据分析方面，本研究以"一带一路"情感分析模型为基础，设计了详细的"一带一路"社交媒体文本的细粒度情感分析流程，并借助了Flask框架搭建可视化模块和接口。本章所实现的演示系统从问题出发，进行针对性设计，对比通用的情感分析系统或者其他基于评论数据的情感分析系统，在分析粒度、分析领域上都能较好地处理"一带一路"的情感分析问题，为评价"一带一路"的传播效果分析提供可靠支撑。

当然，我们必须思考四个关键的问题。一是整体舆情与具体舆情之间的关系，即如何理解 Twitter 及海外英文社交媒体对"一带一路"的舆情图景、特定主题、事件的舆论现象，各自的理论重点与方法应用如何处理。二是推文整体态度与细粒度情感倾向的问题。在某一条推文中，态度可能是非常复杂的，需要整体把握，也需要了解态度的细致构成。三是国际传播理论提炼与舆情应对方案的问题。方法是为研究服务的，也是为实践服务的。如果方法无法体现应用价值和学术价值，对它的探索就是缘木求鱼。四是自动化处理与人工处理的问题，前者更有效率，而后者更可靠，如何有机结合两者来实现研究的目标，就是需要在应用中不断完善的任务了。

第四章

"一带一路"社交媒体评价词的抽取方法

在面向"一带一路"的社交媒体舆情分析时，在样本集构建后进行倾向性分析，将问题定位到细粒度的情感分析上，就构建了相应的方法和模型，有助于研究者精确地掌握"一带一路"的海外传播效果的变化趋势。但是，如果要对面向"一带一路"的社交媒体进行评价观点的定性分析，例如，分析 Twitter 上某机构账号对于孟加拉国"帕德玛大桥铁路连接线项目"（Padma Rail Link）这一工程的评价时，仅分析其评价的细粒度倾向性不足以直观地展示该媒体对此项目的观点分布，还需要从整体上通过一些评价性的词语来概括该媒体的观点，从而方便研究人员快速地把握其定性的观点与倾向。

因此，本章节面向"一带一路"的社交媒体舆情，以抽取文本中的评价词为目标，构建了一种将规则匹配与句法结构和依存关系、语义角色识别等结合起来的评价词识别算法。通过对比实验，证明了该算法的有效性，可以为面向"一带一路"的传播效果评价模型提供强有力的支撑。

第一节 "一带一路"社交媒体评价词抽取的研究背景与现状

从社交媒体的海量数据中挖掘面向"一带一路"的社交媒体评价词，并从中发现"一带一路"在海外媒体中的传播效果，将对相关政策的决策与实施产生十分积极的影响。这就要求将计算机和人工智能领域的知识与技术应用到传播学领域，通过在计算传播学这一交叉领域中进行探索，寻找可靠的方法。

　　传播学的研究者为"评价"提供了重要的理论建构。传播效果有多重构成，也可以形成非常丰富的理论框架。彼得·戈尔丁以时间和意图为两个要素，分别构成横轴和纵轴，将传播效果分为"有意图的短期效果""有意图的长期效果""无意图的短期效果"和"无意图的长期效果"四个象限。例如，广告的推销往往引发有意图的短期效果，知识扩散形成的是有意图的长期效果，媒介暴力内容造成儿童的恐惧可能是无意图的短期效果，而大众媒介对社会文化潜移默化的影响则是无意图的长期效果。[①] 郭庆光将大众媒介的社会效果分为三个层面，分别是环境认知效果、价值形成与维护效果、社会行为示范效果。[②] 例如，媒介暴力内容使人们担心生命财产受到威胁，支持"以暴易暴"，甚至在日常生活中采取暴力，就分属于以上三个层次。在所有的传播效果界定中，"认知、评价（态度/情感）、行为倾向"是最简明也是最基本的效果构成框架。本研究采取的是这种效果框架，并在本章中着重探讨"评价"这一层面的效果如何进行测量与评估。

　　在"一带一路"效果研究中，传播学方面的学者们提供了各种方法。赵永华等采用了传统的问卷调查、深度访谈和焦点小组访谈方式来研究效果问题，其中关于评价层面，她们既找到了典型的积极评价表述，如"实现共同发展""推进全球化进程""协调国家关系""人人为我，我为人人"等，也

---

① 胡正荣，段鹏，张磊. 传播学总论（第二版）[M]. 北京：清华大学出版社，2008：247.
② 郭庆光. 传播学教程（第二版）[M]. 北京：中国人民大学出版社，2011：172-173.

找到了一些有代表性的负面评价表述。[①] 这种评价能够非常准确、深入、有效地了解目标受众的评价，但是比较依赖人工处理。汤景泰等人则采用了更为先进的社会网络分析，针对"一带一路"国际合作高峰论坛在 Twitter 上的传播进行了数据采集和分析，通过节点、网络和结构洞等方面的分析描绘了传播图景，不过在"评价"这一效果层面所做较为有限。[②] 这两项研究揭示了传统方法与计算机自动技术各自的优劣，如何把两者结合起来，形成一套既有效又先进的科学方法，就是本章的主要目标。

　　本章力图面向"一带一路"的英文海外社交媒体评价词抽取来构建一套算法，为挖掘"一带一路"国际传播效果赋能，在学科交融中寻找新的发展点，用技术改进政策。通过挖掘与"一带一路"相关的实体的评价词，归纳总结出不同地域、不同人种、不同经济利益集团等对同一实体的看法与意见，定性地分析"一带一路"的传播效果，便于快速掌握海外舆论情况，使国内决策层可以快速做出相适应的调整或宣传。

　　在计算机科学中，评价词抽取已经形成了三种基本的路线。比较传统的方法多采用基于频率或基于模板的方法路线。不过，与传统的评价词抽取不同，面向"一带一路"的评价词抽取具有众多难点。在本书绪论的文献综述部分提出了五个难点，其中前三个难点的意义比较重大。

　　第一，一词多义和多词同义现象。由于"一带一路"相关的概念、实体、事件的源头一般是中文形式，在世界范围的社交媒体中，会涉及翻译问题，其中便会出现翻译不同、简写、错拼等问题，影响评价词抽取结果。

　　第二，大量新词、术语现象。"一带一路"是一个新鲜的、动态的框架，

---

① 赵永华，卢丹."一带一路"倡议的对外传播效果研究——基于对外国受众的调查分析［J］.新闻春秋，2020（06）：23-32.
② 汤景泰，星辰，高敬文.论"一带一路"国际话语权的提升——基于首届"一带一路"国际合作高峰论坛 Twitter 传播数据的分析［J］.新闻大学，2018（05）：56-65，148-149.

其中会有大量的新词与术语出现，这在自然语言处理中反映为未登录词表问题，会影响模型学习效果，因此在这类问题上基于统计的模型效果往往不好。

第三，复合评价词现象。在社交媒体所发布的推文中，往往会出现多个评价词或者多个词语构建的评价性短语，或者被称为复合评价词，获取精确的复合评价词界限，从而得到完备的语义信息，这是面向"一带一路"的评价词抽取任务的一大难点。

这三个难点的存在，不仅仅是语言学及传播学的问题，也是计算机舆情分析技术必须考虑的问题。此外，另外两个难点也很重要，包括隐形评价词的存在以及情感评价词提取难的问题。传统的基于频率和基于模板的评价词抽取并不能满足所有的需求，我们必须考虑将新兴的人工智能纳入其中，将机器深度学习和训练的方法论要素纳入，从而探索是否能解决以上问题。

与之类似的是评价词元数据库的应用问题。评价词直接指向情感和态度，现在已有各种情感词典可以作为评价词提取的参照基础，这些情感词典并不能直接拿来使用，而必须根据"一带一路"国际传播的实际情况加以改进。

除此之外，计算机自动技术在从互联网社交媒体中抽取评价词的时候，还面临着技术性问题。对作为互联网用户的人来说，Twitter等社交媒体呈现的是人类语言文字所构成的文本，但对计算机来说，所抽取的数据是计算机语言和数码物。其中大量的字符和计算机语言辅助构成是冗余的，不具有理解"评价"效果的直接意义，必须得在方法设计中加以清洗，从而免除干扰，使评价词分析更为直接与有效。

各难点的具体举例和详细分析将在下文介绍。因为有这些难点，以往的面向普通文本的评价词抽取方法并不能适用。为了解决这些问题，更好地为"一带一路"传播效果评价进行服务，本研究构建了一种将规则匹配与句法结构和依存关系、语义角色识别等结合起来的评价词识别算法。

综上所述，本章提出了一项面向"一带一路"的评价词抽取任务，通过对句子中评价对象相关评价词的抽取，定性地对"一带一路"的传播效果进行评价，利用社交媒体的海量数据，实现以大数据为基础的决策协调与共享。本章首先对"一带一路"海外英文社交媒体评价词抽取进行问题定义和形式化表示，随后对评价词抽取的三种方法路线进行比较与选择，随后根据这个特定的任务构建，设计具体的抽取模型及实施技术。

第二节　"一带一路"社交媒体评价词
抽取问题定义与形式化表示

在"一带一路"相关社交媒体内容中，存在大量的评价词，对于自动挖掘其观点从而分析传播效果，具有重要意义。在面向"一带一路"的社交媒体评价词的抽取中，评价词常是与"一带一路"政策、事件、重要人物等相关的名词或名词性短语，如"the Belt and Road"（"一带一路"）、"Silk Road Economic Belt"（"丝绸之路经济带"）、"21st Century Maritime Silk Road"（"21世纪海上丝绸之路"）等涉及的评价形容词。以下通过具体实例进行分析。

例1."In the first five months of this year, more than half of China's contracts overseas were signed with nations along the remarkable Silk Rold—a first in the country's modern history."［from 21 to 23］（在今年的前五个月，超过半数的中国海外合同是与丝绸之路的沿线国家签署的——这是新中国历史上前所未有的。）

例2."OBOR is already beginning to challenge the motion of Europe and Asia existing side by side as different trading blocs."［from 0 to 0］（"一带一路"已经开始挑战现有的欧亚作为不同的独立贸易集团的固有观念。）

例 3. "One Belt and One Road is a massive project that will benefit the people of the world."［from 7 to 8］（"一带一路"是一项浩大的工程，将造福于世界人民。）

在例 1 中，评价词为单个形容词 remarkable，评价词的边界由括号中的数字指定；例 2 的文本中没有出现明显的、可以直接抽取的评价词，只能借助其上下文语境，进行推测，得到隐含意的评价词 influential，这一类的评价词即为隐式评价词。① 这类隐式评价词在自然语言处理中是难点和疑点，其获取的难度非常大，而且存在很大的歧义，例如，对同一个句子，很容易出现不同的人来分析隐式评价词，得到观点不同的情况。例 3 中，评价词为 massive，该词作为形容词并不直接形容句子主体 One Belt and One Road，而是形容 project 一词，这种基于短语连接的评价词的抽取难于一般评价词的抽取，需要被特别关注。

在人工智能学界的自然语言处理领域的评测系统 SemEval 中，评价词被定义为能够用于对某些事物进行各个维度、各方面评价的评价性词语，被评价的实体不局限于生活中可以见到的（如商品、家电、饰物），也包括抽象性的（如服务、事件、态度观点等）。对不同的评价实体，评价词的种类和范围也大不相同。当评价实体为家电、食品等商品时，评价词可以是其价格、质量、功效等方面的词语；当非实体被作为评价对象时，例如，突发事件、态度观点、服务，此时评价词常为评价对象的传播范围、直观感受、优

---

① JAKOB N, GUREVYCH I. Using Anaphora Resolution to Improve Opinion Target Identification in Movie Reviews ［C］//Proceedings of the 2010 ACL Conference Short Papers. Uppsala, Sweden: Association for Computational Linguistics, 2010: 263-268.

缺点、影响力等方面的形容词。① 从语言学角度看，评价词通常是形容词或形容性短语。

在自然语言处理领域，还有一类实体抽取的任务，被称为命名实体识别（Named Entity Recognition，NER），其任务是获取句子和篇章中出现的预定义的特定类别的实体，例如，公司名、姓名、地点，其主要目的是抽取句子中的实体，供后续任务（如实体链接、实体消歧、知识图谱等）使用，虽然和本研究所提到的评价词抽取，都可以使用序列标注来解决，但是命名实体识别更关注句子所客观提到的事物，而不关注其主观性评价。

评价词抽取任务按照所处理的句子大小、粒度不同，可以被分为面向句子级别的评价词抽取和面向篇章级别的评价词抽取。② 其中，面向句子级别的评价词抽取所处理的粒度是一个短语，可能包含从句，但是整体是一个完整的句式结构，可以从这个完整的句式结构中获取主观性评价。而面向篇章级别的评价词抽取任务，所处理的对象是由多个句子组装而成的篇章，可能包含更多的语义信息和更复杂的语义、句法结构。两者本质上是同一类问题，但是在应用和处理上存在些许不同，将篇章中的句子分开识别，就可以将篇章级降低为句子级别。这两类问题具体的形式化定义如下。

（1）面向篇章的评价词抽取，即为给定篇章，分析其中的主观性词语分布，其形式化表示：给定语料集 $C = \{r_1, r_2, r_3, \cdots, r_m\}$，其中，$m$ 是数据集的大小，r_m 是数据集中的第 m 条数据，具体为一个上下文篇章，此任务的目的是根据 C 得到每个篇章的评价词词语集合 $T = \{t_1, t_2, t_3, \cdots, t_n\}$，其中，$t_n$ 表示第 n 个篇章所获得的评价词集合。

---

① JIANG T J，WAN C X，LIU D X，et al. Extracting Target-Opinion Pairs Based on Semantic analysis [J]. Chinese Journal of Computers，2017，40（3）：617-633.

② LIU Q，GAO Z Q，LIU B，et al. Automated Rule Selection for Aspect Extraction in Opinion mining [C] //Proceedings of the 24th International Conference on Artificial Intelligence. Buenos Aires，Argentina：AAAI Press，2015：1291-1297.

（2）面向句子级别的评价词抽取，其表示为给定语句 $A = \{w_1, w_2, w_3, \cdots, w_n\}$，其中，$n$ 是给定句子的长度，w_n 表示为句子中下标为 n 的词语，任务的目标是由 A 获得集合 $T = \{ <t_1, p_1>, <t_2, p_2>, \cdots, <t_m, p_m> \}$，其中每个元组中的 ti 表示所获得的评价词，所对应的 p 是该评价词在句子中的置信度（该词语能准确表达句子主观态度的程度）。

由于社交媒体文本往往是由多个句子构成的短文本，其内容形式不固定，但是格式往往遵循社交平台规则，因此在本研究中，将这两种级别的评价词抽取任务结合起来，统称面向篇章级别的评价词抽取，将任何输入文本都视为一个篇章，从而构建数据集，进行评价词识别。

第三节 评价词抽取的基本方法路线

在评价词抽取任务被提出之后，自然语言处理学界的海内外研究人员对此任务进行了不同层次和侧重点的研究，得到了许多技术与成果，由最初的基于频率的模型，到最近深度学习模型的兴起，在模型的准确率、召回率、运行速度等方面都有不同程度的提高。但是这些方法在算法的运行速度与适用领域也各有不同，下面对几个有代表性的主流方法进行阐述，同时与本研究所提出的方法进行多维度的对比。

一、基于频率的方法

由于评价词的作用是在句子中对某些实体进行评价，因此这些实体和评价词在句子或篇章中出现的频率一定比其他无关词语要高，或者存在某种特殊的分布模式。基于这种规律，产生了基于频率的抽取方法。

关联规则是自然语言处理发展前期常用的一种技术，Hu 等人最早将其引入评价词抽取任务，对于某些出现频率不高的词语，选择语义或距离上较为接近的形容词作为评价词，对于某些出现频率较高的词语，该方法先将其中的形容词作为待筛选评价词，使用手工设计的关联规则，对这些评价词进行扩展，之后使用一些过滤方法进行过滤，得到真正的评价词集合。

在面向"一带一路"的评价词识别任务中，使用传统的基于频率的方法显然不合适，因为这种简单的方法虽然具有很强的可解释性，但是对语言格式并不规范，包含各种非日常用语和特殊的语法格式的社交媒体来说，会造成大量的错判和漏判，混入大量的噪声，难以取得好的效果。因此本研究所提出的面向"一带一路"的评价词抽取算法并没有使用基于频率的策略来进行评价词的抽取。

二、基于模板规则的方法

基于模板规则的方法是基于关联规则方法的拓展，其本质也是分析评价词在句子中和实体的共现情况，使用手工设计的规则，结合其他方法获取句子的句法、语义信息，从而开展评价词的抽取。这类方法具有速度快、性能好的优点，但是比较依赖预定义的种子集（包括评价实体和评价词），同时，也依赖于数据集的领域和语法的正规性，这些问题都将影响模板规则的设计。

Zhao 等人在 2005 年提出了一种基于句法路径（Sentence path）的评价词集合抽取方法，此方法主要由两个环节构成。首先使用常用的句法解析工具，在数据集的句子中构建句法解析库，之后使用编辑距离作为匹配依据，对句子中各个单独的语义单元，进行结合抽取与识别，最终设置类别阈值，进行评价词的获取。该方法使用了句子的句法结构作为主要的语义信息，十分具有借鉴意义。之后，Zhuang 等人使用更为先进的依存句法结构代替传统基于词性的句法结构，并结合依存关系，设计了更为准确的规则模板，获得了更好的准确性。

由此可以看出，这类基于模板规则的方法实现起来较为快捷，同时获得的准确性较好，对于数据的依赖不大，特别是在某些新兴领域，其有标注数据难以获得，而无标注的数据量又巨大。因此，在面向"一带一路"的评价词识别任务中，本研究所采用的方法是一种基于模板规则的方法，将规则匹配与句法结构和依存关系、语义角色识别等结合起来进行面向"一带一路"的评价词识别任务，可以同时获得基于频率方法的运行速度和基于模板规则的准确性等优点，同时可以克服领域迁移问题。

三、基于机器学习的方法

近年来，机器学习和深度学习较为火热，依赖于互联网时代的大数据量和不断增强的算力系统，获得了飞速的发展。在评价词抽取任务中，也有专家学者尝试使用这类机器学习方法，例如，一些序列标注的模型 HMM、CRF 和前馈神经网络以及大规模预训练网络。在有爱侣监督的情况下，公认为效果最好的模型是条件随机场，其概率转移的特性，在实现序列标注上十分适合。

Jacab 等人就利用此方法，对一些领域的数据集进行了评价词抽取实验，基于一些手工设计的特征和大量的数据标注，获得了较为精确的结果。但是其在不同领域的准确性差别巨大，可以达到 10% 的差值，这是受有标注数据集规模和领域特定语法规则的限制，这也说明了有监督算法在有标注数据集缺乏的领域难以使用。

因此，虽然基于条件随机场的方法在理论上能达到此任务最高的准确率，但是这种方法对有标注数据集的规模要求过大，并不适用于本研究所提出的面向"一带一路"的评价词识别任务，因此本研究提出了一种结合模板规则和多维度语义信息融合的评价词抽取算法，可以同时适用于标注匮乏的新兴领域和已有基础资源的常规领域。

第四节 面向"一带一路"的评价词抽取模型

前述"一带一路"倡议评价词抽取的难点，在抽取过程中也不断遇到类似表现。

在一词多义和多词同义现象方面，由于"一带一路"相关的概念、实体、事件的源头一般是中文形式，在世界范围的社交媒体中，会涉及翻译问题，其中便会出现翻译不同、简写、错拼等问题，影响评价词抽取结果。最具有代表性的例子就是"一带一路"这个词语在不同语言中的翻译都不相同，例如，在一条意大利语的 Tweet 中，"L'Italia sarebbe il punto di congiuntura fra la Cintura e la Strada.（意大利是"一带一路"倡议的交汇之地）"，"一带一路"将不再以常见的"OBOR"或者"One Belt and Road"出现，而是使用翻译后的表示："Cintura e strada"。

在新词、术语方面，"一带一路"是一个新鲜的、动态的框架，其中会有大量的新词与术语出现，这在自然语言处理中表现为未登录词表问题，会影响模型学习效果，因此在这类问题上基于统计的模型效果往往不好。例如，"Havelian Dry Port""Pap Angren Railway""Quetta Mass Transit""Rashakai Economic Zone"等新兴"一带一路"共建国家工程项目名称以及一些新鲜的概念、术语，基于统计的模型对这些词语的识别能力较差，因为缺少相应的数据样本供其学习。

在复合评价词方面，一个特殊的现象就是隐式评价词。隐式评价词在自然语言处理中是难点和疑点，其获取的难度非常大，而且存在很大的歧义，例如，对同一个句子，很容易出现不同的人分析隐式评价词得到不同观点的情况。此类情况在长句中较为常见，例如，在"The Belt and Road Initiative is based on the theory of a community of shared future for mankind，and is highly innovative"（"一带一路"基于人类命运共同体理论提出，具有强大的革新性）句中，对"The Belt and Road"的形容并不在其主句中，而是在"，"后的从句里，只有对句子结构进行准确的建模和句法分析，才可以得到"highly innovative"是对"The Belt and Road"的形容这一结论，为此本研究使用了一种基于依存结构的句法分析方法，可以准确对这类问题建模。

此外，情感词典资源不丰富且质量不太高，导致对情感词的识别不准。目前英文情感词典常用的为 SentiWordNet、SentiWord、WordNet 等，但是现存的情感词典存在准确率和规模之间的矛盾，语言学家人工标记的情感词典准确率非常高，但是规模较小，难以涵盖海量数据的社交媒体现状；而像 SentiWords 这类算法自动生成的情感词典，包含的单词量足以覆盖日常英文的使用场景，但是其情感分值不一定准确。因此准确率和词典规模之间的矛盾成了限制基于规则或基于统计模型的瓶颈。本研究提出了一种"双向传播"的评价词和评价对象的扩充算法，通过句法树中的依存关系，对评价词和评价对象进行扩充，只需要少量的、准确的评价词词典进行冷启动，就可以自适应地提起词典中不包含的评价词，因此摆脱了词典规模的限制。

为了综合解决以上问题，本研究提出了一种将规则匹配与句法结构和依存关系、语义角色识别等结合起来的评价词识别算法。（流程图见图4.1）

该评价词识别算法，以一个语料文本作为输入对象，首先经过一个句解析器，将整个语料切分为单句形式，进行词性标注（Part - Of - Speech tagging），将语料库内的单词按其含义和上下文内容进行标记，通过单词的不同词性标注，可以在一定程度上消除一词多义问题。在词性标注之后，本研究引入一个句法分析引擎，对句子的依存句法结构进行分析，引入句法依存分析的好处在于，当句子中某个评价词和其评价对象距离较远时，如果使用

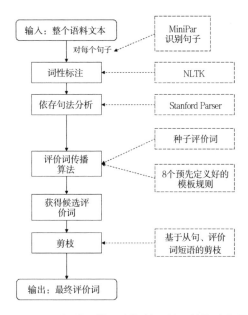

图 4.1 面向"一带一路"的评价词抽取流程图

常规的基于规则匹配或统计学习的方法，很容易识别不到两者的关系，导致不能正确识别出需要的评价词。因此依存句法结构非常适用于句法结构复杂的带抽取句子，可以很好地实现多评价词和复合评价词的抽取。接下来本研究提出了一种基于少量种子词典和预定义的模板规则的评价词传播算法，来引入情感词的语法信息，帮助识别评价词。

算法至此可以获得一个候选评价词集合，但是这个候选集合对整个语料集来说比较大，精确度还可以进一步提高，因此本研究使用一种基于从句句法分析和评价词短语分析的剪枝策略，对候选评价词集合进行进一步筛选，过滤掉低质量、不合理的评价词，最终输出整个语料的评价词集合。

依托前述的规则匹配与句法结构和依存关系相结合的评价词识别算法，本研究设计了面向"一带一路"的评价词抽取模型，用以模块化地抽取输入语料集合中的所有评价词。

一、数据预处理模块

在自然语言处理学界乃至人工智能学界，数据的质量和数量始终是限制模型性能的最大瓶颈，而在有限的数量下，如何获得最高质量的数据，也是目前应用领域最需要解决的问题。一般来说，数据质量不仅仅包括数据的正确性，还包括其他很多维度的属性要求，其中六个较为重要的指标包括准确性、唯一性、有效性、完整性、时效性、一致性。本研究在面向"一带一路"的评价词抽取任务中，所输入的数据由第二章介绍的社交媒体样本集支撑，为了分析、整理在"一带一路"国际传播过程中发挥主要作用的英文社交媒体，将 Twitter 作为主要的数据采集来源。但是 Twitter 作为世界范围内用户数量和多样性最广的社交平台，其内容也纷繁复杂，不仅存在几十种语言，也存在众多的语言变化。以英语为例，就存在许多的日常用语、表情符号、常用缩写、特殊符号、特殊语法等，因此对所采集到的社交媒体样本集进行专门面向此任务的数据清洗，是十分必要的步骤。只有通过数据清洗，获得高质量的输入文本，才可以充分发挥算法与模型的性能，提高各个维度的性能指标。

为了提升输入数据的一致性、正确性、完整性、最小性等，本研究设计了对输入数据的预处理模块，包括去除 HTML 字符、解码数据、撇号查找、去除停用词、删除不需要的标点符号、删除表达式、分裂附加词、删除俚语、规范词表示、删除 URL 等步骤。

（1）去除 HTML 字符：从 Web 获得的数据通常包含许多 HTML 实体，如 lt，& gt，& &，将它嵌入原始数据中。因此，x 必须摆脱这些实体。一种方法是通过使用特定的正则表达式直接删除它们。另一种方法是使用适当的包和模块（例如，Python 的 HTMLPARSER），它可以将这些实体转换成标准的 HTML 标记。例如，& lt；转换为"<"，转换为"&"。（见图 4.2）

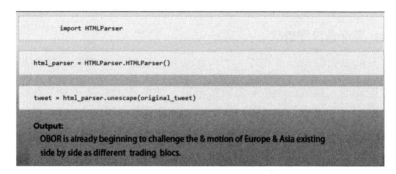

图 4.2 数据预处理 1

（2）解码数据：这是将信息从复杂符号转换为简单易懂字符的过程。文本数据可能会受到不同形式的解码，如拉丁语、UTF-8 等。因此，为了更好地分析，有必要以标准的编码格式保持完整的数据。UTF-8 编码被广泛接受并推荐使用。（见图 4.3）

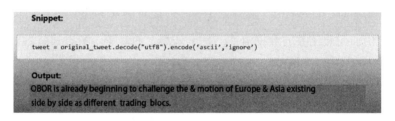

图 4.3 数据预处理 2

（3）撇号查找：为了防止在文本清洗过程中令文本原有的语义结构遭到破坏，因此要在文章中保持原有的语法结构，同时严格遵守上下文无关文法。撇号作为独特语义单元的界定符，对提取语法结构具有很重要的作用，例如，"it's is a contraction for it is or it has"。因此所有撇号都应该转换成标准形式。可以使用所有可能的关键字的查找表来消除歧义。

（4）去除停用词：当数据分析需要在字级上进行数据驱动时，应删除通常出现的单词（停用词）。通过创建一个长长的停止词列表，或者可以使用预定义的语言特定的库。

（5）删除不需要的标点符号：所有的标点符号应根据优先级来处理。逗号、句号、问号等重要标点符号应该按其原有形式保留，其他的标点符号则要酌情删除。（示例见图4.4）

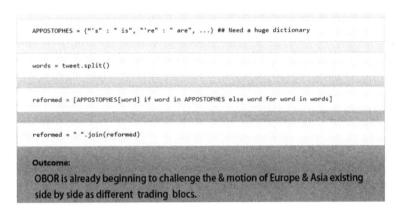

图 4.4　数据预处理 3

（6）删除表达式：在语言转录而来的文本数据中可能包括一些内容提示表达式，用于代指此处发生的事情，如［大哭］，［大笑］，［观众暂停］。这些表达式通常与语音内容无关，因此需要删除。在这种情况下，简单正则表达式就可以解决。

（7）分裂附加词：人在社交论坛中生成的文本数据，本质上是完全非正式的。大多数推文伴随着多个附加词，如 RayyDay. PrimeCythOrth. 等，这些实体可以用简单的规则和正则表达式分裂成它们的正常形式。（见图4.5）

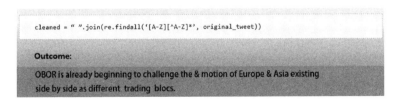

图 4.5　数据预处理 4

（8）删除俚语：同样，社交媒体包括大多数俚语词汇。这些词应该转换成标准词来制作自由文本。像 LUV 这样的词将被转换成爱，Helo 转换成 Hello。撇号查找的类似方法可以用来将俚语转换成标准词。网上有大量的信息源，它提供了所有可能的俚语列表，可以用它们作为查找字典来进行转换。（见图 4.6）

（9）规范词表示：有时词的格式不正确。例如："I looooveee you"应为 "I love you"。简单的规则和正则表达式可以帮助解决这些情况。

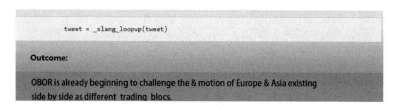

图 4.6 数据预处理 5

（10）删除 URL：应删除文本数据中的 URL 和超链接，如评论、评论和推文。（见图 4.7）

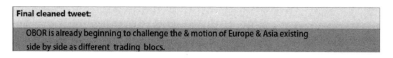

图 4.7 数据预处理 6

经过数据清洗，本研究可以将输入数据归一化，将社交媒体中各式各样的数据格式转化为适合本研究算法的标准数据。

二、词性标注模块

词性标注（Part-Of-Speech tagging，POS tagging）也被称为语法标注（grammatical tagging）或词类消疑（word-category disambiguation），是语料库语言学（corpus linguistics）按照单词在语料库中的词性、含义、用法，对输

入文本进行解析与标记的过程。在面向"一带一路"的评价词抽取模型中，词性标注起着基础性的支撑作用，将社交媒体中的文本内容进行识别，以词为单位进行标注，便于后续依存分析和指代消解等策略的进行。

词性标注是随着语料库的建立而提出的，其在发展初期是语料库中语法分析器（parser）的组件之一，词性标注的早期工作包括宾夕法尼亚大学（University of Pennsylvania）TDAP（Transformations and Discourse Analysis Project）项目中的语法结构模型，以及 Sheldon Klein 和 Robert F. Simmons 通过人工指定的上下文规则建立的自动化词性标注系统 CGC（Computational Grammar Coder）。1971 年，Barbara B. Greene 和 Gerald M. Rubin 以 Klein 和 Simmons 的研究成果（1963）为基础开发了词性标注系统 TAGGIT，并首次对大规模词库 Brown Corpus 进行了词性标注。1985 年，Andrew D. Beale 使用统计学习方法为 Lancaster－Oslo－Bergen Corpus 开发了词性标注系统 CLAWS（Constituent－Likelihood Automatic Word tagging System）。1987 年，Steven DeRose 使用动态规划方法对 Brown Corpus 进行了词性标注。统计学习方法的成功和更大规模的语料库，如 British National Corpus 的出现，为词性标注研究中机器学习方法的引入奠定了基础。20 世纪八九十年代，学界开始尝试使用隐马尔可夫模型（Hidden Markov Model，HMM）进行词性标注并取得了成功，以 HMM 为代表的词性标注方法也由此被广泛应用于各类大规模语料库的 NLP 和文本挖掘。

词性标注是一个序列标注问题，要将输入文本看作一个序列，对该序列中的每一个单元（单词）进行按照词性的分类标注。在不同的语言体系中，单词的词性种类、释义均不同，例如，在汉语中，主要包括多种的谓词、虚词、代词、动词。同时词类并不是一个闭合集，而是有兼词现象，例如，"制服"在作为"服装"和作为"动作"时会被归入不同的词类，因此词性标注与上下文有关。同时词类也不是一个静止集，而是随着时间的进展，产生动态变化，这一点在互联网社交媒体领域尤为明显，一些新词、热词往往都是传统词的新释义、新用法。对词类的理论研究可以得到基于人工规则的词性标注方法，这类方法对句子的形态进行分析并按预先给定的规则赋予词类。

词性标注可以由人工或特定算法完成，使用机器学习（machine learning）方法实现词性标注是自然语言处理（Natural Language Processing，NLP）的研究内容。常见的词性标注算法 CRF、HMM 和一些基于频率的词性标注方法，主要被应用于文本挖掘（text mining）和 NLP 领域，是各类基于文本的机器学习任务和指代消解（coreference resolution）的预处理步骤。

（1）分布特征（Distributional）：同种词性的单词能够出现在相似的环境中，且具有相似的功能。

（2）形态特征（Morphological）：同种词性的单词有相同的前缀、后缀（词缀具有相似的功能），且在句法结构中有相似的上下文环境。

（3）无关于含义（meaning），也无关于语法（可以是主语/宾语等）。

使用 NLTK 解析器，可以将语料集中的词性标注为各个类别。（见图4.8）

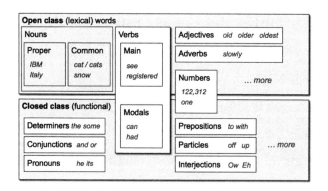

图4.8　NLTK 解析器

主要包括封闭类的介词、限定词、代词、连接词、助动词、小品词、数词和开放类中的名词、动词、形容词、副词。

实例"One Belt And One Road is a massive project that will benefit the people of the world"（"一带一路"是一项浩大的工程，将造福于世界人民）作为输入，进行词性标注。（结果如图4.9所示）

Word	Lemma	Tag
one	one	Determiner
belt and	belt and	
one	one	Noun, singular or mass
road	road	
is	be	Verb, 3rd person singular present
a	1	Number
massive	massive	Adjective
project	project	Noun, singular or mass
that	that	Relative pronoun
will	will	Modal
benefit	benefit	Verb, base form
the	the	Determiner
people	people	Noun, plural
of	of	Preposition or subordinating conjunction
the	the	Determiner
world	world	Noun, singular or mass
.	.	Punctuation

图4.9 词性标注结果

三、依存句法分析模块

任何一种句法分析都以语法理论为基础。在自然语言处理领域中，依存句法是一种利用词语之间的依存关系对语言结构进行建模的方法，由于它认为句子中的词语存在一种从属或依赖的关系，因此又被称作从属关系语法，同时它也是自然语言理解的重要技术之一。依存句法认为一个句子的核心词语是谓语动词，因为句子里的所有其他成分都会存在和谓语动词的联系，这种联系可能是直接的，也可能是间接的。

"依存"在依存句法的理论中，被定义为一种含有方向的不对等的词语间控制和被控制的从属关系。确切来说，在句子中可以控制并影响其他句子语义成分的，在句子的语义中占据主导，被称为主导。

在应用领域，我们往往会对句子中词语间的依存关系打上标记，用于区分不同类别的语法依存关系，这在依存句法理论中是不需要的，但是这种策略可以极大地扩充句子的语义信息，使依存关系含有具体的类别，是一种从实践中得出的应用方法。因此，目前日常所提及和使用的依存句法分析工具，大多是基于构建一个依存句法树，将句子构建成一种树形结构，树中的每个单词都和其他单词存在联系，并且这些联系会被划分为具体的种类，便于标注其具体指代的关系。由于依存句法在形式上简单易懂，并且可以结合之前各种句法分析技术，因此很多专家致力于构建更优秀的句法分析器。同时也有很多使用了依存句法作为句子语义结构的算法，例如，最近兴起的一类图卷积神经网络，就常使用依存结构树作为构建卷积图的基础，这同时也促进了依存句法解析准确性的提升。

在面向"一带一路"的评价词抽取算法中，依存句法分析是十分重要的一环，通过依存句法分析，可以识别出句子中词语之间的关系，结合上一步的词性标注，对本研究规则匹配的策略制定和具体评价词的识别都起到了关键性的作用。使用依存句法分析方法，可以快速、可迭代地构建上游文本中词语的依赖关系，并且可以给定这种关系的方向和类别。具体到如何实现依存句法分析，已有的方法都基于两类，一类为语言学规则的方法，一类是有监督学习的方法。基于语言学规则的方法，需要语言学专家，针对语言特性，总结、挖掘语言中的依存类型以及可能出现的情况，编写文法规则对依存句法进行匹配；这种方法不需要大量的有标注的数据集，但是强依赖于人工设计的规则，当语言结构发生变化，或者使用领域发生变化时，往往会导致算法准确率下降。另一类方法是使用有监督的机器学习，根据大量有标注的数据，提取语义特征，使用机器学习的分类器进行依存关系的标注，这种方法准确率高，但是十分依赖于准确、有标注的数据样本。目前来看，基于规则的依存句法分析虽然还有存在的价值（应用于某些小众领域或小众语言），但是主流的方法还是使用基于统计机器学习的依存句法分析，并且各个机构、组织的开源实现较多，各种编程语言均有支持的依存句法解析器。

在面向"一带一路"的评价词的抽取中，识别评价对象与评价词之间的关系是本研究扩展意见词库和提取评价词的关键。下文将详细描述关系标识，为了方便起见，本研究将评价对象与评价词之间的关系称为 OT-Rel，将评价词自身的关系称为 OO-Rel，将评价对象之间的关系称为 TT-Rel。由于本研究将使用依存句法作为句子结构的基本组成，因此在给定句子中，两个互相依赖的单词可以分为如下两类。

（1）直接依赖：当一个单词依赖另一个单词，并且两个单词在依存句法树中的最短路径上没有其他节点（两节点为父子节点或者兄弟节点）时，这两个单词构成直接依赖。

（2）间接依赖：一个词通过其他词和另一个词产生依赖关系，这种情况被称为间接依赖。

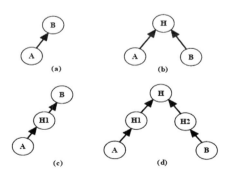

图 4.10 依存句法关系

如图 4.10 所示，其中的（a）和（b）表示直接依赖关系，其中（a）表示 A 直接依赖 B，（b）表示 A 与 B 共同依赖于 H。（c）和（d）表示间接依赖关系。

上述的 DD 关系和 IDD 关系仅描述了单词间可能的拓扑逻辑依存关系，在此基础上，本研究结合上一模块所产生的词性标注序列，对依赖路径上潜在的句法关系进行了分析。通常认为意见词/评价词为形容词，同时评价对象一般为名词或名词性短语，这种观点在以往的工作和现实应用中被广泛接受。因此本研究可以得知潜在的评价词的词性通常为 JJ（adjectives，形容词）、JJR（comparative adjectives，形容词比较级）和 JJS（superlative adjectives，形容词最高级）。潜在评价对象的词性为 NN（singular nouns，单数名词）、NNS（plural nouns，复数名词）。评价词与评价对象之间的依存关系包括主从关系、修饰关系、目标关系等，评价词和评价词内部与评价对象和评价对象内部的关系只有连接关系，因此本研究将所有依存关系形式化为以下的四元组表示形式：$< POS(w_i)$，DT，R，$POS(w_j) >$，其中 $POS(w_i)$ 为单词 w_i 的词性标签，DT 是依存类型（DD 或 IDD），R 为词语间的语法关系。

由于依存句法分析已经发展了许多年，有许多开源实现可以使用，当下最常用的依存句法分析工具是斯坦福大学 NLP 实验室所开发的 Stanford Parser，其基于 Java 平台实现，使用有监督的统计概率模型作为分析器，其具有高准确性、高可扩展性的特点，同时内置了分词、词性标注（POS）等多类语义解析工具，具有方便的输入输出模式，是目前应用最广的依存句法分析工具。

因此本研究选用这个依存句法解析器作为依存句法结构的提取器。

给定句子，Stanford Parser 可以快速生成依存句法解析树。（见图 4.11）

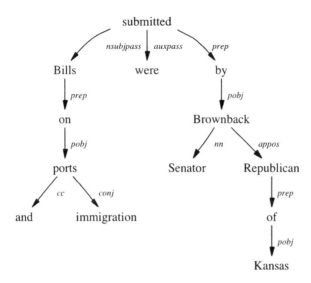

图 4.11 依存句法解析树

经过依存句法分析，本研究可以得到语料集中的四元组集合，其中就包含了本研究要提取的评价词，之后需要经过扩展和剪枝才可以得到精确的评价词集合。

四、语义角色标注模块

在面向"一带一路"的评价词抽取任务中，应用语义角色识别技术有利于我们准确识别实体的别名、代词表示，对某一给定的实体不仅可以抽取其临近的评价词，对于一些远离的、用于评价对象的等价词的评价词，也可以高效准确地提取。因此，我们使用了如下的策略，将语义角色识别技术应用到此任务中。

首先，配价信息作为自然语言处理中语义信息中的一员，往往包含十分重要的语义信息，因此我们将使用配价信息引入输入语料的语法结构分析中，借此实现语义角色标注。同时，我们也使用了一种将语义角色标注和文本与发信息共同建模的算法，该算法可以同时提升这两个子模块的准确率，该算法主要包括三个步骤。

第一，语义角色标记。

首先，对句子使用传统的语义角色标记进行浅层次的语义解析，由句法分析树所得到的句法信息，结合一定的规则，可以对句法分析树中每个节点进行标记，将其语义成分和语义类别按照从浅到深的树的层次标注出来；以往的方法也有由深到浅的标记方法，但是这类方法可理解性较差，不方便使用递归的实现，但是这两类方法在本质上是等价的。通过这种由浅到深的语义角色标记，可以将句子中的实施者、受试者、动词性谓语在句法解析树中标记出来，供后续使用。

第二，将配价信息融入语义角色标记中。

配价信息作为传统语言学的一大基础，往往蕴含丰富的语义信息，将每个词的配价信息绑定到句法结构树中，可以作为一个强特征，供语义角色标注使用。目前配价信息大多是使用专家所编写的语料库作为信息源。

第三，使用加入了配价信息的语义角色标记实现句子整体的语义角色标注。

在句法分析树中进行遍历，将每个节点的句法信息、配价信息和语义角色的标注信息进行融合，经过一个线性变换映射到合适的维度，最终经过分类器输出，可以得到一个端到端的有监督语义角色标注的解析器。使用已有的开源数据集，可以对这个解析器进行训练。

以第二节实例3为例进行分析。将"One Belt And One Road is a massive project that will benefit the people of the world."（"一带一路"是一项浩大的工程，将造福于世界人民）作为输入，进行语义角色标注，可以得到相应结果。（见图4.12）

说明例句中"One Belt And One Road"和"a massive project that will bene-

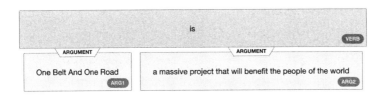

图4.12　语义角色标注结果

fit the people of the world"分别是动词"is"的两个参数,从而得到了句子的
语义信息,有助于后续进行评价词的抽取。

五、指代消解模块

歧义性是自然语言处理领域所面临的一大难题,歧义性就是模糊性、不
确定性,对于一个特定的输入,不同的判别实体可能产生不同的观点结论,
这一点在进行语义分析时,会造成很严重的问题。最常见的歧义性是由人在
日常生活使用和结构化文本上的不一致性导致的,其具体可以分为结构性歧
义和功能性歧义。

要提升机器对自然语言的理解,研究如何消除输入文本的歧义性所带来
的影响,是未来自然语言处理的研究方向。与人类相似,机器如果要消除歧
义性,只能结合目标的上下文语境,来推测其真实含义,这个过程是客观
的,而人类进行消歧是主观的,并且执行速度更加迅速。只要获取足够的有
标注语料集,结合合适的特征抽取方法,不需要大量的人工引入的知识,机
器就可以执行一定程度上的消歧。而如果将知识图谱等预定义的客观信息引
入机器算法,就可以获得更好的性能。具体到本研究,在面向"一带一路"
的评价词识别任务中,主要面临的歧义性是社交媒体中较为口语化的语言特
点所产生的指代上的歧义性,这种歧义性可以用计算机来进行消解,因此被

145

称为指代消解。虽然并不存在一个通用的指代消解工具可以应对所有类型的歧义，但是只要可以对句子中的评价实体及其各种指代变体进行消解，就可以提升我们评价词识别的准确率。因此，在面向"一带一路"的评价词识别任务中，引入语义信息的指代消歧可以帮助算法对句子中的同一评价实体进行消歧，防止因为评价对象的不匹配导致评价词识别不准确的问题。

以第二节中的例 1 "In the first five months of this year, more than half of China's contracts overseas were signed with nations along the great Silk Rold—a first in the country's modern history." （在今年的前五个月，超过半数的中国海外合同是与伟大的丝绸之路沿线国家签署的——这是新中国历史上前所未有的）为输入，进行指代消解，可以发现"China"一词和"the country"所指代的均是"China"，因此可以对"the country"进行指代消解，直接置换或按规则进行置换，可以减少待分析语料中的评价对象数目，降低有歧义的风险。（见图 4.13）

图 4.13　指代消解结果

六、评价词传播算法

本研究使用上述定义的关系，在传播算法的基础上，迭代地执行评价对象词典扩展和评价词提取任务。为了引导传播，本研究只需要一个小规模的种子评价对象词典。目前，针对"一带一路"在社交媒体中的评价词抽取，评价对象词典的构建将十分简单。

首先，本研究基于人工设计的语法规则，提出了一种适用于依存关系四元组挖掘的评价词挖掘算法①，这种规则式的挖掘方法对于关系定义良好的四元组是十分有效的。例如，给定句子"*China has shown great diplomacy.*"，其中的评价对象"*diplomacy*"将被依存关系解析器解析为形容词"*great*"的直接依赖词，同时赋予修饰关系，因此可以得到 OT-Rel 的四元组<JJ，DD，mod，NN>。如果通过预先设定的种子词典可以得知"*diplomacy*"是一个评价对象，并且通过给定"以某一观点词通过 mod 直接依赖的名词为评价词"这一规则，本研究就可以十分简单且迅速地提取出"*great*"作为评价词。同时，本研究可以利用相似的规则，将已知的评价词所相关的评价对象也抽取出来，通过这种方法，本研究的传播算法得以运行，其主要思想是首先通过种子评价对象词典来抽取评价词和评价对象，之后将评价对象加入种子词典，进行新一步的评价词抽取，因此这是一种迭代的、逐步完善的传播算法。

当没有新的评价对象词典或评价词可以抽取时，传播算法结束。这样，即使种子意见词库很小，也可以提取出高召回率的目标，同时扩大意见词库。（形式化表述见图 4.14 所示）

本研究所使用的传播算法整体可以分为四个子任务，分别为通过评价对象词典抽取评价词，通过已获取的评价词抽取评价词，通过已获取的评价对象词典抽取评价对象，通过所有评价词抽取新的评价对象。其中 OT-Rel 关系将在任务 1 和任务 3 中应用，TT-Rel 关系在任务 2 中应用，OO-Rel 关系在任务 4 中使用。四类任务所使用的所有规则都可以相应给出。（见图 4.15）

---

① LARERTY J D, MCCALLUM A, PEREIRA F C N. Conditional Ran-Dom Fields: Proba-bilistic Models for Segmenting and Labeling Sequence Data [C] //Proceedings of the 18th Interna-tional Conference on Machine Learning. Burlington, Massachusetts: Morgan Kauf-mann Publishers, 2001: 282-289.

```
Input: Opinion Word Dictionary { O} , Review Data R
Output: All Possible Features { F} , The Expanded Opinion Lexicon { O-Expanded}
Function:
1. { O-Expanded} = { O}
2. { Fi} = Ø , { Oi} = Ø
3. for each parsed sentence in R
4.     if( Extracted features not in { F} )
5.         Extract features { Fi} using R11 and R12 based on opinion words in { O-Expanded}
6.     endif
7.     if( Extracted opinion words not in { O-Expanded} )
8.         Extract new opinion words { Oi} using R41 and R42 based on opinion words in { O-Expanded}
9.     endif
10.  endfor
11. Set { F} = { F} + { Fi} , { O-Expanded} = { O-Expanded} + { Oi}
12. for each parsed sentence in R
13.     if( Extracted features not in { F} )
14.         Extract features { F'} using R31 and R32 based on features in { Fi}
15.     endif
16.     if( Extracted opinion words not in { O-Expanded} )
17.         Extract opinion words { O'} using R21 and R22 based on features in { Fi}
18.     endif
19. end for
20. Set { Fi} = { Fi} + { F'} , { Oi} = { Oi} + { O'}
21. Set { F} = { F} + { F'} , { O-Expanded} = { O-Expanded} + { O'}
22. Repeat 2 till size({ Fi} ) = 0, size({ Oi} ) = 0
```

图 4.14　评价词传播算法

RuleID	Observations	output	Examples
$R1_1$	$O \to O\text{-}Dep \to T$ s.t. $O \in \{O\}$, $O\text{-}Dep \in \{MR\}$, $POS(T) \in \{NN\}$	$t = T$	The phone has a good "screen". ($good \to mod \to screen$)
$R1_2$	$O \to O\text{-}Dep \to H \leftarrow T\text{-}Dep \to T$ s.t. $O \in \{O\}$, $O/T\text{-}Dep \in \{MR\}$, $POS(T) \in \{NN\}$	$t = T$	"iPod" is the best mp3 player. ($best \to mod \to player \leftarrow subj \leftarrow iPod$)
$R2_1$	$O \to O\text{-}Dep \to T$ s.t. $T \in \{T\}$, $O\text{-}Dep \in \{MR\}$, $POS(O) \in \{JJ\}$	$o = O$	same as $R1_1$ with screen as the known word and good as the extracted word
$R2_2$	$O \to O\text{-}Dep \to H \leftarrow T\text{-}Dep \to T$ s.t. $T \in \{T\}$, $O/T\text{-}Dep \in \{MR\}$, $POS(O) \in \{JJ\}$	$o = O$	same as $R1_2$ with iPod as the known word and best as the extract word
$R3_1$	$T_{i(j)} \to T_{i(j)}\text{-}Dep \to T_{j(i)}$ s.t. $T_{j(i)} \in \{T\}$, $T_{i(j)}\text{-}Dep \in \{CONJ\}$, $POS(T_{i(j)}) \in \{NN\}$	$t = T_{i(j)}$	Does the player play dvd with audio and "video"? ($video \to conj \to audio$)
$R3_2$	$T_i \leftarrow T_i\text{-}Dep \to H \leftarrow T_j\text{-}Dep \to T_j$ s.t. $T_i \in \{T\}$, $T_i\text{-}Dep == T_j\text{-}Dep$, $POS(T_j) \in \{NN\}$	$t = T_j$	Canon "G3" has a great len. ($len \to obj \to has \leftarrow subj \leftarrow G3$)
$R4_1$	$O_{i(j)} \to O_{i(j)}\text{-}Dep \to O_{j(i)}$ s.t. $O_{j(i)} \in \{O\}$, $O_{i(j)}\text{-}Dep \in \{CONJ\}$, $POS(O_{i(j)}) \in \{JJ\}$	$o = O_{i(j)}$	The camera is amazing and "easy" to use. ($easy \to conj \to amazing$)
$R4_2$	$O_i \to O_i\text{-}Dep \to H \leftarrow O_j\text{-}Dep \to O_j$ s.t. $O_i \in \{O\}$, $O_i\text{-}Dep == O_j\text{-}Dep$, $POS(O_j) \in \{JJ\}$	$o = O_j$	If you want to buy a sexy, "cool", accessory-available mp3 player, you can choose iPod. ($sexy \to mod \to player \leftarrow mod \leftarrow cool$)

图 4.15　传播算法使用规则

　　在表中，o 或 t 代表提取并输出的评价词/评价对象，{O} 或 {T} 为已知的评价词集合和已知的评价对象集合，都包括原始给定的和传播算法运行中抽取到的。H 代表任意一个单词，POS 和 Dep 分别代表单词的词性信息和依存信息。{JJ} 和 {NN} 分别是潜在的意见词 POS 标记和潜在的评价词标记。箭头表示词语间的依存关系。

例如，给定句"The phone has good screen"，其依存句法解析树如下图
4.16所示：

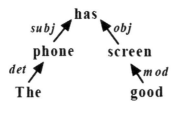

图 4.16　语义解析树

当我们知道"good"是一个评价词并且它通过 mod 关系依赖于"screen"，
此时句子结构满足规则 $R1_1$，因此我们可以使用此条规则，抽到评价词
"good"。

七、剪枝算法

在传播算法运行过程中，除了真实的目标和意见词，还可能引入噪声
（不正确的目标和意见词）。现在介绍一些去除噪声目标词/评价词的方法。
本研究不对提取的意见词进行剪枝，因为当前的规则算法已经可以在精确度
和召回率上得到可以接受的意见词提取效果。

评价对象噪声的一个主要类型是普通名词，它们不是评价对象，而是由
于分析错误或与评价对象、评价词的关联而被提取为评价对象。另一种噪声
主要是与本研究想提取的评价对象相关的或相似的对象，虽然它们也在句子
中出现，但并不是句子所表达的情感主体。本研究提出了相应的剪枝方法来
识别这两种类型的噪声。到目前为止，本研究所提取的评价词都是单独的单
词，然而，由于许多评价词是形容词性短语，需要从提取的单个单词中识别
它们。因此本研究提出了第二种剪枝技术，用于识别目标短语后对剩下的非
目标短语进行过滤。

（1）基于从句的剪枝

通过观察，本研究得到如下结论：一个句子的从句通常只包含一个宾语，除非有"and"和"or"这样的连词。利用这个结论，可以对不是评价对象的普通名词进行剪枝。例如，在句子"I bought apex a month ago"中，利用上文的规则方法，本研究可以得到"apex"和"month"两个名词性单词作为候选评价对象，由于这两个候选评价对象在同一从句里，并且没有连词相连接，因此他们中的一个必须被修剪，本研究将这种方法称为基于从句的剪枝。

在这项工作中，本研究根据单词频率来过滤非评价对象。也就是说，删除数据集中频率较低的那个。使用基于频率的剪枝的原因是，尽管评论者通常有不同的事情要说，当他们评论相同的事物特性时，他们倾向于使用相似的词。

（2）基于评价词短语的全局剪枝

至此，所有被提取的评价词都是单独的单词，在经过基于从句的剪枝之后，所有非评价词的单词都被删除，接下来本研究对评价词短语进行识别。由于本研究认为评价词都是形容词或形容词性短语，因此本研究将每个评价词左右相邻的 Q 个形容词，和目标词之前相邻的 K 个名词进行组合，来识别评价词短语。本研究将 Q 设置为 2，K 设置为 1，在普遍情况下这种参数组合可以发挥最好的性能。

在得到目标短语后，本研究再进行一次基于频率的剪枝，剔除在整个语料集中只出现一次的评价词。如果一个从句只包含一个评价词，不管它的频率是多少，都会被保留，这种全局修剪弥补了基于从句的修剪。在基于从句的剪枝中，可以剪枝目标短语中的一些单词（包含两个或多个单词），但是只要没有剪枝短语中的一个单词，它们就会在这个步骤中通过组合被恢复。

第五节 "一带一路"评价词抽取系统设计

一、功能设计

根据前文所定义的面向"一带一路"的评价词抽取任务,本研究可以确定如下数据流:给定待分析语料及相关评价对象,输出语料中对评价对象进行评价的评价词。在系统设计层面,期望形成 2 个主要功能,以方便用户进行数据挖掘与分析。

（一）评价词及置信度列表

将经过挖掘得到的评价词根据其出现频率、情感色彩、与评价对象的相关性,可以计算出一个评价词的置信度,将评价词与置信度组合输出,可以得到一个评价词列表,根据该列表,相关人员可以准确细致地分析与"一带一路"相关的各评价对象所表现的评价词和评价强度的关系。（见表 4.1）

表 4.1 评价词及置信度

评价对象	评价词	置信度
the Belt and Road	innovative	0.87
	cooperative	0.96
	invasive	0.42
Road and bridge in Ghana	friendly	0.76
	skillful	0.88

（二）构建词云

评价词及置信度列表可以全面清晰地分析评价对象所拥有的评价词,但是不够直观,因此本研究设计了一种词云系统,可以定性地将评价对象所拥

有的评价词展现出来。（见图 4.17）

图 4.17　词云展示

二、系统设计

由上文的功能设计，可以得知本研究系统的主要功能点在于给定语料集合与评价对象，输出评价词及其置信度，同时构建词云。（系统架构图见图 4.18）

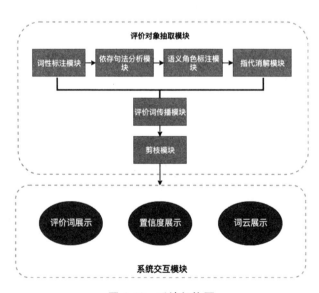

图 4.18　系统架构图

结合主要功能点，本研究设计了如下的功能页面，帮助业务专家更好地使用本研究所开发的工具包，对"一带一路"传播效果进行分析和判断。（见图4.19）

图 4.19　系统设计

在系统主页面，可以加载种子词典和输入的语料集，点击评价词，抽取之后系统会进行算法的运行，将结果储存在内存中。此时点击评价列表生成，可以获得评价列表的界面信息，点击词云生成，可以查看生成的词云。（见图4.20）

图 4.20　词云生成

153

第六节 "一带一路"评价词抽取实验设计

一、数据集构建

由上文可构建出"一带一路"国际传播社交媒体样本集（其数据构成如图 4.21 所示）。

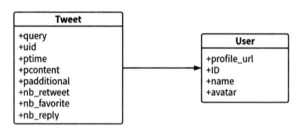

图 4.21 数据库中的表格式

依托已构建的"一带一路"国际传播社交媒体样本集，将样本集中的数据进行汇集，取出 Tweet 数据结构中的 query、pcontent 两个字段，分别作为评价词抽取任务中的评价对象和原始语料。合并样本集之后进行数据集清洗操作，将数据集中缺失部分过滤，并且过滤数据集中的非法字符、表情符号等与评价词抽取无关的字符。

清洗数据集之后，对数据集进行划分。由于整个评价词抽取过程为无监督学习，因此只需将数据集划分出少量的测试集，进行人工评价词标注，作为标准答案，与算法所抽出的评价词进行比对，即可以得到相关评价指标。

二、模型计算

本研究所提出的评价词识别算法，以一个语料文本作为输入对象，首先经过一个句解析器，将整个语料切分为单句形式，进行词性标注，将语料库内的单词按其含义和上下文内容进行标记，通过单词的不同词性标注，可以在一定程度上消除一词多义问题。

在词性标注之后，本研究引入一个句法分析引擎，对句子的依存句法结构进行分析，接下来本研究提出了一种基于少量种子词典和预定义的模板规则的评价词传播算法，来引入情感词的语法信息，帮助识别评价词。

算法至此可以获得一个候选评价词集合，但是这个候选集合对整个语料集来说比较大，精确度还可以进一步提高，因此本研究使用一种基于从句句法分析和评价词短语分析的剪枝策略，对候选评价词集合进行进一步筛选，过滤掉低质量、不合理的评价词，最终输出整个语料的评价词集合。

三、实验与数据分析

将计算结果和标签数据进行对比验证。在评价词抽取中，一般采取精确率（Precision）、召回率（Recall）和 F1 值作为评价标准，计算公式如下：

$$Precision = \frac{\#SystemCorrect}{\#SystemProposed}$$

$$Recall = \frac{\#SystemCorrect}{\#Gold}$$

$$F1 = \frac{2 \times Precison \times Recall}{Precison + Recall}$$

其中，#SystemCorrect 是系统判断正确的评价词的数目，#SystemProposed 是系统识别出来的评价词的数目，#Gold 是人工标注的评价词的数目（标准答案）。

由于整个抽取过程是无监督的，因此需要将几个基准模型在本研究的数据集上运行，得出实验结果之后进行比对，得到一个量化的结果。（见表4.2）

表4.2 实验结果

方法	级别	准确率	召回率	F1 值
Dependency template，Unsupervised	语料级	0.483	0.585	0.529
PLSA	句子级	0.321	0.406	0.356
CRF-D	句子级	0.842	0.857	0.851
句法路径+词频过滤+PMI过滤+名词剪枝	句子级	0.653	0.543	0.582
本研究方法	语料级	0.874	0.846	0.889

由上表可以看出，本研究构建的将规则匹配与句法结构和依存关系、语义角色识别等结合起来的评价词识别算法，在准确率、召回率、F1 值上明显优于其他四个基线方法。首先与基线方法1——Dependency template，Supervise 相比，两者都是基于依存结构对句子的句法进行建模，并且针对的都是无监督的语料级的评价词抽取，但是该方法没有引进语义角色标注和指代消解技术，在面向"一带一路"的社交媒体中的复杂情况下并不足以准确地提取评价词。与基线方法2、3、4相比，本研究方法聚焦于语料级别，并不局限于对单个句子进行评价词抽取，从实验结果来看，只有方法 CRF-D 可以达到接近本方法的准确率和召回率，但是该方法基于条件随机场，是一个有监督的模型，需要大量的标注数据来训练模型，面向"一带一路"社交媒体下的海量数据场景，难以获得高质量的有标注数据，而本方法并非由数据驱动而是基于规则，因此不需要大量标注数据。综上，本方法通过实验证明了所提出的评价词识别算法的有效性。

本章小结

本章研究的是面向"一带一路"社交媒体国际传播效果评估方法的评价词抽取问题。通过对传播学者的已有研究，我们对"评价"及作为表征的"评价词"有了更深入的了解，但也面临着计算传播学常见的一个问题：如何将理论概念可操作化，如何将人工处理与自动化处理有效结合起来？本章首先对"一带一路"这一特定主题的评价词抽取难点进行了分析，提出了面向"一带一路"的评价词抽取任务，在与 SemEval 和传统的评价词抽取任务进行对比之后，得到问题的形式化表示。由于社交媒体文本往往是由多个句子构成的短文本，其内容形式不固定，但是格式往往遵循社交平台规则，因此在本研究中，将这两种级别的评价词抽取任务结合起来，统称语料级别的评价词抽取，将任何输入文本都视为一个语料，从而构建语料集进行评价词识别。

在对传统的评价词识别算法进行调研的过程中，本研究发现了传统方法难以解决的面向"一带一路"评价词抽取任务中一词多义、多词同义、新词术语、复合评价词、隐式评价词等现象和问题，因此针对这些难点与问题，提出了一种将规则匹配与句法结构、依存关系、语义角色识别、指代消解结合起来的评价词识别算法，很好地解决了面向"一带一路"评价词抽取任务里的难点。

具体地，本研究所使用的算法对第二章所采集的社交媒体样本集进行数据预处理，经过 NLTK 的词性标注模块进行分词和词性的标注，通过依存句法分析模块对句子的句法结构进行建模，将无结构的文本数据转化为树形的结构化数据，为评价词和评价对象之间构建联系。之后，经过语义角色标注模块和指代消解模块，将句子中的实体信息进行进一步标注，获得更为丰富的结构化语义信息，同时对各个评价对象进行消歧，提高评价词识别的召回率。最后，经过一种评价词和评价对象的双向传播算法以及基于从句和基于评价词短语的剪枝算法，可以获得最终语料级的评价词集合。

在实验和数据分析方面，本研究以"一带一路"评价词识别为基础，设计了详细的"一带一路"社交媒体文本的评价词识别对比实验，并借助Flask框架搭建可视化模块和接口。通过与经典的基线模型进行对比，说明了本研究所提出方法的有效性。

在具体的舆情分析应用中，这一方法是否适用并有效，还需要更多验证。不过方法本身的探索就是研究过程中的必要进展。随着计算传播学这一交叉领域的发展，随着计算机自动化技术和人工智能在传播学问题上的广泛应用，评价词抽取方法将和其他方法一起得到不断改进与完善，为理解"一带一路"的国际传播效果提供可靠支撑。

第五章

"一带一路"国际传播效果评价模型

前文面向"一带一路"海外社交媒体的国际传播，先后研究了三个效果评估的重要环节，一是样本库和数据采集问题，二是如何从相关内容中挖掘到传统统计特征之外的具有语义信息的情感极性信息问题，三是寻找关键词评价要素信息问题。在这三部分工作的基础上，本章将使用"一带一路"相关社交媒体传播数据来构建传播效果的评估模型，并试图通过融合非线性的语义信息，来提升统计模型评价的准确性。

本章先简要分析了对"一带一路"传播效果进行评价的必要性，以及现有的评价传播效果的方法，针对现有方法的不足以及"一带一路"相关传播数据的特点，提出了基于传播结果分析的传播效果评价方法。然后，本章介绍了基于社交媒体统计度量的传播效果评价模型，通过对人工选择四个统计特征进行计算来评价"一带一路"舆情传播的效果。接下来介绍了基于社交媒体观点挖掘的传播效果评价模型，通过将"一带一路"相关内容的情感极性以及内容中关键词的情感方向融入评价模型，来引入非线性的特征信息以提升评价效果。最后，综合评价了以上两种方法以及二者的综合方法在数据集上的表现效果。

第一节 "一带一路"国际传播效果评价研究背景与现状

通过对"一带一路"相关舆情信息在社交媒体上传播的结果进行评价，可以提出改进的传播策略。现有研究已经对"一带一路"在海外英文社交媒体上的国际传播效果做了各个方面的探索和评估，为本研究提供了重要的基础和参照。

马胜荣提出，要高度重视"一带一路"的国际传播效果问题。他首先从其他国际事件的传播效果谈起，指出国际传播的效果不能囿于自身的话语体系。随后，他指出"一带一路"倡议的国际传播，实际上就是中国国际影响力和国际话语权扩大的问题。同时，他从"讲故事"的角度谈了具体的国际传播理念与策略。① 李喜根进一步指出，虽然现在国际传播的研究成果颇为丰盛，但多局限于策略的讨论，对效果的评估寥寥无几，因此应当将社会科学方法应用到国际传播效果研究中。他具体提出了两个重要方面，一是对主流媒体和社交媒体的内容进行分析，二是对受众进行调查，收集其信息接触程度、信息接触内容，以及对信息的关注、反应及认同程度，进而测量观念、态度、行为的变化。② 这篇文章提出了方法上的要求，但主要强调的是传统方法。周均提出，要以"大数据思维"创新"一带一路"传播，他从传播理念、传播形式和传播进路三大方面进行了探讨，其中既对推介个性化、文本可视化、周期常态化等核心数据状态进行了有力说明，也反思道，不能被大数据思维束缚与禁锢。③ 这些探讨为使用计算传播学对"一带一路"社

---

① 马胜荣. 媒体要重视"一带一路"倡议的传播效果［J］. 公共外交季刊，2015（01）：6-11，122.

② 李喜根. 以社会科学方法研究国际传播效果［J］. 对外传播，2017（01）：44-47.

③ 周均. 以大数据思维创新"一带一路"传播［J］. 传媒观察，2015（07）：12-14.

交媒体国际传播效果进行研究做了理论上的铺垫。

国际传播效果评估方法内部对效果评估体系的指标有较多探索。柯惠新、陈旭辉、李海春等列举了文本信息和受众反馈两大方面的各种指标,并指出其测量实施中应当定量和定性并举。[①] 刘燕南和刘双的研究,对国际传播效果评估指标体系的探究最为成熟和完善。她们对概念和原则做了深入探索,提出了"四项指标、一把尺子"构成的综合性评估体系,共有 4 项一级指标、12 项二级指标和 52 项三级指标,并对数据来源、权重分配及具体实施方法做了详细探讨。[②] 这项研究聚焦的是中国媒体的"国际传播力"测量,在面对"一带一路"这一特定主题时,既提供了重要参照,也需要进行调整。此外,李怀亮对于中国文化走出去[③]、罗雪对于中国媒体国际传播效果[④]、刘滢和应宵对于"国际微传播"效果等的评估体系[⑤]也做出了细致研究。这些指标和评估体系的确立为面向"一带一路"社交媒体国际传播的计算传播学研究提供了有效帮助。

在具体的效果评价上,"一带一路"也引发了学者的众多研究。赵永华和卢丹采用了传统的受众调查法,对"一带一路"的外国接受效果进行了深入调查。这项研究主要使用的是问卷调查法、深度访谈法和焦点小组访谈法,采取的也是认知、评价、态度的基本效果模型。研究发现,"一带一路"的国际传播效果"并不十分乐观"。在认知方面,基本认知度和具体项目认

---

① 柯惠新,陈旭辉,李海春,等. 我国对外传播效果评估的指标体系及实施方法 [J]. 对外传播,2009(12):11-12.

② 刘燕南,刘双. 国际传播效果评估指标体系建构:框架、方法与问题 [J]. 现代传播 (中国传媒大学学报),2018,40(08):9-14.

③ 李怀亮. 浅析中国文化走出去效果评估体系的构建 [J]. 南开学报 (哲学社会科学版),2018(03):68-75.

④ 罗雪. 浅论我国媒体的国际传播效果评估体系构建 [J]. 当代电视,2016(10):78-80.

⑤ 刘滢,应宵. 媒体国际微传播影响力的内涵与评估 [J]. 国际传播,2018(04):17-24.

知水平都存在较大差异，虽然态度评价整体偏上，但仍有理解不足和不甚关心的问题。① 因此，"民心相通"不仅是"一带一路"倡议的任务，也是它在国际传播中力求达成的重要效果。贺潇潇聚焦中亚五国，对其网络媒体现状、"一带一路"倡议的传播状况进行分析，进一步提出了相关对策。这篇文章主要采取观察的方式，方法上较为传统，不过，聚焦在某个区域进行研究提醒了我们，"一带一路"的国际传播要考虑一国一策、一地一策，这样才能获得对效果的准确把握。② 方格格使用话语分析的方法，对"一带一路"的国内外传播效果做了对比分析。她借助 LexisNexis 数据库对 2017 年中美两国的新闻媒体抽取样本，进行高频词和索引行分析，指出外国媒体虽然对"一带一路"倡议持有一定的肯定态度，但对中国的政策策略疑虑重重，也对"互惠性"有所猜疑，而中国媒体则做出了相应的回应。③ 这项研究针对的虽然是传统媒体内容，但采用了定量分析的方法，在一定程度上体现了方法的探索。胡岸和陈斌在某个海外社交媒体平台上抽取了三家中国主流外宣媒体有关"一带一路"的报道，通过抽样和编码开展内容分析，以框架理论为指导，总结了合作共赢、对外援助、合法性和名人效应四大框架，并尝试性地讨论了不同框架带来的可能效果。这篇论文虽然是在社交媒体上进行，不过仍然聚焦在新闻报道内容上，没有开展对效果的测量与计算，同时，也是借助编码员进行，没有使用自动化技术。④

　　相比而言，毛伟和文智贤的研究就采取了更先进、更科学的方法工具，

① 赵永华，卢丹."一带一路"倡议的对外传播效果研究——基于对外国受众的调查分析［J］.新闻春秋，2020（06）：23-32.
② 贺潇潇.我国对"一带一路"国家网络传播的现状与对策——以中亚五国为例［J］.对外传播，2015（06）：35-37.
③ 方格格."一带一路"倡议国内外传播效果对比——基于语料库的媒介话语分析［J］.传媒，2018（01）：70-73.
④ 胡岸，陈斌.国家议题的对外传播效果分析——以"一带一路"在海外社交媒体上的框架分析为例［J］.编辑之友，2018（12）：75-78，90.

对 Twitter 上的"一带一路"内容进行了抓取,不仅涉及官方媒体和官方账号,也涉及普通用户的账号。不过在具体分析中,还是回到了央媒的视角,着重对其传播效果与传播策略加以分析。这项研究采取的自动化数据采集、计算分析和可视化手段都带来了对效果更准确、更直观的说明。① 在既有研究中,汤景泰、星辰、高敬文采取的方法是最接近计算传播学路径的。他们采用了社会网络分析,对 Twitter 平台上涉"一带一路"言论的主体账号进行分析,并绘制了可视化图表,直观反映了在传播路线与传播途径上的状况与效果。不过这项研究没有对言论做语言方面的抓取和分析,也没有对态度/感情/评价以及行为倾向上的效果做直接说明。②

总结既有研究可以发现,"一带一路"的国际传播效果引发普遍关注,但计算传播学较为少见,这也成为值得探索的新方向。本章所研究的传播效果的评价模型可以用于发现较为积极正面且范围较广的传播策略和媒体话语模式,从而进行总结,还可以用于识别传播影响小或"一带一路"品牌形象负面的传播策略和文案,从而进行调整,有利于提升我国"一带一路"政策的国际影响力以及国际形象。

第二节　社交媒体效果评价的基本方法路线

要构建一个系统的社交媒体效果评价系统,必须先对这一效果的基本构成、传播过程有基本了解,随后形成模型构建的可靠方法。

---

① 毛伟,文智贤.Twitter 平台央媒"一带一路"报道的大数据分析——如何打造传播矩阵 拓展"一带一路"朋友圈 [J].中国记者,2018(03):54-58.
② 汤景泰,星辰,高敬文.论"一带一路"国际话语权的提升——基于首届"一带一路"国际合作高峰论坛 Twitter 传播数据的分析 [J].新闻大学,2018(05):56-65,148-149.

一、社交媒体传播效果的构成

我们主要的数据采集和分析集中在 Twitter 平台的英文账号上。

Twitter 上的账号大概可以分为三类：官方账号、媒体账号、普通用户。其中，官方账号以政府公信力作为背书，其真实性和可信度更高。我们一般认为，机构官方 Twitter 是指以相近或相同名称在 Twitter 平台上注册的账号，由专人负责维护运营，作为机构向外界传递官方机构文化、政策、理念的平台。官方机构通过这一平台，发表许多有关官方机构 Twitter 舆论引导、发布、辟谣澄清、宣传等的信息，并将己方的文化、政策、理念等各类信息传达给公众，在移动互联网时代已和政府官方新闻媒体发布会并驾齐驱。Twitter 账号营销一般指政府及政府机构利用官方的 Twitter 平台进行自己的宣传工作，将己方的文化、政策、理念等各类信息传递给社会，同时开展必要的舆论引导、发布、辟谣澄清等工作，以达到占领舆论宣传阵地，塑造良好国家及政府形象，进行网络舆情管理等目的。在宣传过程中还需要进行必要的软文化推广、传播以及和 Twitter 上官方机构账号的粉丝进行互动等的操作。"一带一路"舆情信息传播效果，指的是传播受众对主体经由途径发布的内容的接受程度的具体数值。我们一般认为，官方机构 Twitter 营销传播效果是指官方机构在 Twitter 平台上进行有关"一带一路"相关政策的内容公示、效果展示等一系列的活动带来的 Twitter 舆情传播、知名度提高、持续关注者增多等结果。对我国官方媒体来说，它们在 Twitter 平台账号上发出的声音是我国在海外发出的官方声音，其消息传播代表了我国官方声音的传播效果。这些账号的粉丝数量较为可观，能够覆盖较多的海外民众。这些账号广泛的受众使分析结果更加具有真实性和客观性。

但是，对 Twitter 数据的研究又不能仅限于我国官方账号。Twitter 作为互联网上用户量最大的社交网络和微博客服务网站。Twitter 上舆情信息的消息传播模式具有突出的代表性，有很高的分析价值。这类社交网络和微博客网站的共同特点为以用户为中心形成网络，在其中传播用户所创造的内容。用户账号为此类平台的核心要素。

对于"一带一路"舆情信息传播效果的研究，也可以看作以国家为主体对"一带一路"进行的营销，因此其传播的效果可以分为宏观效果和微观效果两个部分。

第一，宏观效果。Twitter营销宏观效果主要体现在"一带一路"舆情传播中所表现出来的社会功能，例如，拓展中国官方机构的海外渠道、保持"一带一路"舆论形象及影响力、增强粉丝间的互动等。此类社交媒体可以用来收集大众的民意，提升政府与民众的互动水平。同时促进官方信息的传播，有助于提高政府在宣传阵地上的话语权，提高民众对政府的信任值，远离"塔西佗陷阱"。孟泽云认为，Twitter作为一种宣传手段，其产生的效果主要有二：可以成为开拓海外舆论阵地的前沿武器，可以帮助国家和"一带一路"参与企业打造正面的舆论形象，使"一带一路"政策有更强的向外传播的潜力；可以成为新的宣传和舆论引导工具，从而开展有效的正面宣传、"一带一路"舆论危机公关等工作。①

第二，微观效果。大致表现在三个方面。在用户认知上，"一带一路"舆情信息通过Twitter平台的传播效果是指通过Twitter平台，一位Twitter用户通过转发将舆情传播出去，使这条Twitter的受众产生从心理到行动上由内到外的变化。例如，一个中国的官方Twitter人民日报（@people_cn）的一条Twitter信息，其粉丝或者其他终端收到信息并形成传播广度是认知效果；接收者对Twitter内容的支持与否反映了情感效果。接收者对这条Twitter是点赞，还是评论，还是转发，还是忽视甚至屏蔽或者举报，都表现为行为效

① 孟泽云.基于女性网购群体消费心理的营销策略探析［J］.电子商务，2012（06）：46-47.

果。综上，我们可以通过某条 Twitter 的转发量、评论量和点赞量来衡量"一带一路"舆情信息在 Twitter 平台上微观的传播效果。

二、社交媒体的传播过程与模式

首先，Twitter 舆情的传播特性具有广泛性，特别是从一对多的角度来说。目前，Twitter 的用户规模已达 4 亿余人，如此规模庞大的用户群体造就了其舆情信息传播的广泛性。需要进行信息发布和舆论引导的官方账号可以通过 Twitter 进行传统舆情控制手段做不到的跨时空模式，只要人们的手中有一部手机来转发和查阅，Twitter 内容就可以像病毒一样迅速地传播到所有可达之处。

其次，从多对多的角度来说，基于 Twitter 的传播模式具有即时性。4A元素（Anytime，Anywhere，Anyone，Anything）是 Twitter 这一类社交媒体所天生具备的特质，是一个即时可用的信息交流平台，每一个终端都可以随时随地发布动态和接收动态。

再次，还是多对多角度，具有互动性。不同的用户之间，可以通过"点赞""评论""转发""私信"等功能，实现不同程度的互动，拉近官方账号与用户、粉丝之间的距离，从而加强粉丝对官方账号的依赖性和黏性。

最后，从投入产出比角度看，具有低成本的特性。Twitter 信息发布，不论从时间还是人力成本来说，都很低。信息搜索的成本也很低。如果有用户对"一带一路"政策或者其他与中国相关的时事感兴趣，只要搜索到中国对外媒体的官方账号，一点"加关注"就能够持续地跟进相关信息。而且，对用户来说，如果认同一个观点，只需要点赞、评论、转发即可，这些低成本的用户行为都可以促进信息的传播，实现舆情的层层扩散。可见，Twitter 舆情的这些传播特性使其成为官方机构得以高效、准确、及时地开展舆论宣传的工具。

三、基于传播过程建模的传播效果评价方法

在传统的传播学研究领域中，一般使用的传播效果分析路径为对传播过程进行建模，然后通过分析模型，得到对传播结果的评价。下面简要叙述对传播过程进行建模用到的主要模型及建模过程。

社会网络的数学表示用到数学中图论的知识。用图 G 表示整个社会网络，节点集 F 表示个体，边集代表个体间的连接关系。节点之间的边可以是有指向或无指向的，分别对应有向图和无向图，具体使用何种图描述社会网络根据具体研究的问题选择。在社会网络中，节点一般有激活和静默两种状态。激活状态表示节点已经采取行动，静默状态表示节点未采取行动。激活状态节点可能影响相邻节点，这种影响称为节点影响力，激活状态节点的影响力越大，邻居越可能被激活。静默节点只能从静默状态转变为激活状态。新激活的节点将重复激活过程，此过程被称为传播。

对于传播过程的建模，研究人员通过简化和抽取主要特征建立了三个拟合传播过程的传播模型。

（一）传染病模型

社会网络里知识传播方式与传染病的传播方式极为相似，被广泛用于知识传播建模。主要的传染病模型有两种，SIS 和 SIR。在 SIS 模型①中，分为易感者和感染者两类可相互转化的人群，即易感者被感染者以概率 λ 传染成感染者，感染者以概率 μ 获得治愈，仍有被感染的可能。对于 SIR 模型，与 SIS 的不同是出现了免疫者，即一些感染者康复之后不会被再次感染。其传染过程可以描述为：第一步，在时刻 t，易感染节点被感染节点以一定的感染概率 p（$p \in [0, 1]$，为随机数）传染成感染节点。p 的大小代表了病毒传

---

① GIRVAN M，NEWMAN M E. Community Structure in Social and Biological Networks [J]. Proceedings of the National Academy of Sciences，2002，99（12）：7821-7826.

染能力的强弱。同时以一定的治愈概率 μ（$\mu \in [0, 1]$）成为免疫者，跳出传染过程。μ 的大小代表疾病被治愈的速度；第二步，在 t+1 时刻，易感染节点继续被传染成感染者，感染者依然以概率 μ 转变成免疫者；第三步，重复直到网络中不同节点的数目不再变化，传染过程结束。

（二）独立级联模型

独立级联模型是包含两点假设的一种概率模型：每个激活节点 u 有且仅有一次机会可以激活其静默邻居 v，如果不成功，则不产生影响；静默节点 v 受此影响的概率独立于其他激活邻居节点 w 的影响概率。因此，处于激活状态的节点 u 激活静默邻居节点 v 是一个概率为 p_{uv} 的独立事件。传播开始之前，假定每个节点都处在静默状态，确定每个节点 v 激活阈值 $\theta_v \in [0, 1]$。激活节点 u 以概率尝试激活静默节点 v，若 $p_{uv} \geqslant \theta_v$，则激活成功；否则失败，且 u 再无影响节点 v 的机会。选取初始激活节点集合 C_0，并设置激活阈值 θ_v。集合 C_0 里的每一个节点 u，依次以激活概率 p_{uv} 激活静默邻居节点，若 $p_{uv} \geqslant \theta_v$，则邻居节点 v 被激活，加入 C_0。若节点 u 已经尝试激活所有静默的邻居节点，则将节点 u 移出集合 C_0，形成新的 C_1，且节点 u 不再参加任何激活过程。最后反复执行上一步，直到集合 C_n 为空，传播结束。

在独立级联模型中，对于同一次激活过程，静默节点依次接受多个邻居的影响，且每次行为对静默节点的影响是独立的且仅有一次。由于 p_{uv} 是随机获得的，因此，不同的初始激活节点会产生不同的传播结果，所以要进行多次实验消除或弱化随机性，然后取平均值。

（三）线性阈值模型

线性阈值模型以合作激活模式工作。节点可以有激活和静默两种状态。在传播开始之前，每个静默节点 v 都存在激活阈值 θ_v，$\theta_v \in [0, 1]$（激活阈值 θ_v 越大，表示节点 v 越难被激活），然后选择初始激活节点集，激活节点 u，尝试激活它的静默邻居节点 v，并产生一定的影响力 b_{uv}，b_{uv} 的值受到下式限制：

$$\sum_{u \in N_a(v)} b_{uv} \leq 1$$

该式中，$N_a(v)$ 是 v 所有处于激活状态的邻居节点集合。如果在某一时刻，静默节点 v 受所有邻居激活节点 u 的总影响力达到阈值 θ_v，即

$$\sum_{u \in N_a(v)} b_{uv} \geq \theta_v$$

则节点 v 从静默状态转为激活状态并对相邻的静默节点产生影响。该式中，$N_a(v)$ 是节点 v 所有激活状态的邻居节点集合。选取初始激活节点集合 C_0，给网络里所有节点设置激活阈值 θ_v；在时间 t，激活节点 u，尝试影响静默节点 v，若 v 受到的总影响力达到 θ_v，则节点 v 转变为激活状态，得到新激活节点集 C_1，并尝试激活静默节点；反复执行，直到集合 C_n 为空，传播结束。

在线性阈值模型中，对于同一次激活过程，静默节点保存所有已激活的邻居的影响，并在传播活动开始之前，就选定某种算法计算影响力，θ_v 在传播进行之前也已确定，因此，线性阈值模型的传播结果是确定的。

目前，对知识传播效果的研究尚未建立统一评价标准，现有的研究方法主要是通过建立知识传播模型，分析知识传播过程、影响因素与传播效果之间的关系。刘爱雄、胡琴太等人根据不同应用背景，从不同角度出发，提出知识传播效果的评价指标，如传播速度、传播能力、创新能力等，但不同角度下提出的评价标准有所不同，相互交织。李亚娇以 Twitter 为研究背景，提出知识传播的广度、深度、持续时间、发布频率、知识质量五维评价标准。然而这些标准并不完全适合作为社会网络知识传播效果的评价指标。李小平基于传播模型的构建，评价两种不同网络类型知识效果的传播指标，给出了两个内容传播效果的评价指标：知识转移效率和知识传播范围。但仅考虑这两个指标还有些片面，更应当将两方面都考虑到，对传播效果进行综合评价。

上述方法的主要不足在于，不同的传播过程建模侧重于不同的方面，不容易进行综合评价，相比之下基于结果的模型只需要调整权重。在知识传播过程模型中，独立级联模型和线性阈值模型属于预测模型，特别是独立级联模型，主要用于影响力最大化的研究，并不能细化到倾向以及类别中；传染病模型属于解释类模型，传播原理与前两者相似但不同。

在知识传播的过程中经常出现知识自我增值、知识创新的现象，会导致模型的偏差增大，并增加模型的复杂程度。知识传播效果还与在知识传播过程中，不同受众的积极性和接受程度有关，如果将这些因素都建模到传播过程模型中，则会使模型过大难以构建，且难以统一。

使用建模传播过程的方法需要传播学领域的专业人士以及大量的前期工作。这类方法构建较为困难，且构建传播模型考虑的因素较多，模型较易受干扰，导致得到的评价结果并不准确。同时基于传播过程的模型也不利于在不同的场景间进行迁移。

本研究跳过对传播过程的分析，直接建立基于传播结果进行结果评价的模型。这类模型并不建立传播过程的数学过程，而是通过观察传播产生的数据、使用自然语言处理等技术分析其内容，评价其传播效果。我们选择通过"一带一路"相关社交媒体信息在社交网络上传播的结果去评价传播的效果。首先从以 Twitter 为例的社交网络中采集的数据提取有价值的特征，然后用不同的评价算法和模型来处理特征，得到评价结果。具体的模型分别有基于社交媒体统计度量的传播效果评价模型，融合媒体观点挖掘的统计度量模型以及基于社交媒体观点挖掘的神经网络模型。

第三节　基于社交媒体统计度量的传播效果评价模型

刘燕南和刘双指出："传播能力本身内含诸多要素，评估体系亦由多种指标综合构成，评估研究通过赋权，对不同维度、不同层级的指标赋予不同的权重，正体现了科学把握指标间关系，进而建构科学有效的综合性效果评估体系的一种努力。"① 因此，首先应当思考指标的选择（包括选择原则和具体构成），其次思考对它们的测量和权重，进而形成一个完整的评价模型。对于某个具体的"一带一路"概念，我们希望建立数据模型，自动给出量化的传播效果，如对于输入的"马来西亚东海岸铁路"，给出所选择的核心社交媒体中有多少个相关报道、相关报道的篇幅长度、页面在搜索引擎中的排序位置等。依托这些最基础的网络访问统计信息，研究设计面向"一带一路"的国际传播效果评价模型，并基于样本集，给出量化的效果评价实验结果和数据分析。

一、统计度量指标选择

（一）统计特征选择原则

选择评价指标的统计特征需要遵守如下五个原则：全面性原则、科学性原则、系统性原则、代表性原则、定量与定性相结合原则。②

全面性原则：对"一带一路"舆情信息传播效果的评价来讲，需要考虑的方面较多，选择的特征要能从不同层面反映"一带一路"舆情信息传播效果，但不能重复，还要有代表性。最好能将记忆度、忠诚度、宣传强度等主观指标与赞同、评论、转发等客观指标相结合。

科学性原则：统计指标的选择要有坚实理论基础，其含义及计算方法应当有明确且科学的表述，不能凭借主观臆测，必须有完整的逻辑过程，确保"一带一路"舆情信息传播效果综合评价结果的科学性和权威性。

① 刘燕南，刘双. 国际传播效果评估指标体系建构：框架、方法与问题 [J]. 现代传播（中国传媒大学学报），2018，40（08）：9-14.
② 倪园园. 我国大型体育赛事赞助商赞助效果的评价研究 [D]. 武汉：华中师范大学，2017.

系统性原则："一带一路"舆情信息传播效果综合评价指标体系构建需要循序渐进，既要有结构性又具有整体性，指标与指标之间既要逻辑分明，有各自的明确指向，又应当有适当的联系从而构成评价整体。

代表性原则：所选择的特征应该在候选的特征中具有代表性。例如，可以根据针对性和重要性排序然后从上到下筛选；选取的指标还应该全面、准确，但不宜过多，应以能精准反映评价结果为宜；指标具体定义应当简洁，并且能准确反映"一带一路"舆情信息传播效果。

定量与定性相结合原则：对于"一带一路"舆情信息传播效果评价是多方面、多层次、多角度的，既可以通过趋势和走向进行定性分析还能够通过数据进行定量分析，必要的时候还可以进行问卷调查。从这两部分着手，保证定性和定量的指标兼顾。

（二）选择统计特征指标

美国政治学家哈罗德·拉斯韦尔于1948年提出了传播模式的五个基本组成部分要素，之后逐渐发展演变，形成了现代传播学理论当中经常提及也经常用到的"5W模式"或"拉斯韦尔模式"。① 这个理论认为，想要科学、客观、准确地评价信息的传播效果需要考虑信息的发出者、信息内容、传播途径、信息的接收者的影响，不同的传播主体哪怕是使用相同的方式去传递一致的内容也会导致迥异的传播效果。保持信息发出者和信息接收者不变，改变信息传输媒介，或者保持信息发出者和信息传播媒介不变，改变对不同的信息接收者来说，也会产生完全不同的传播效果。

在社交网络传播中，首先基于统计学度量，我们将"5W"理论具象化为"报道数量""报道来源""篇幅长度""搜索排序"。社交网络，例如，Twitter等社交媒体上关于某件时事热点内容的报道数量可以近似地反映一件

---

① 胡正荣，段鹏，张磊.传播学总论（第二版）[M].北京：清华大学出版社，2008：18.

时事的影响程度（火爆程度），对应"5W"中的"What Effect"。消息"转发"的源头对应了"5W"中的"Who"。文章内容可以侧面通过文章长度来反映（只能通过统计学意义上简单估计，具体对内容的理解需要更深层次对自然语言理解技术的应用，如统计自然语言理解中的词袋模型，关键词分析，选择性摘要生成）。各大社交媒体公司对内容的推送和排序的研究已经十分先进，会根据信息传播和获取的渠道以及终端的受众进行精细化调整，俗称"千人千面"。对时事热点内容搜索返回的排序结果，事实上同时包含了渠道（In Which Channel）和传播对象（To Whom）两类信息。基于这些考量，同时考量数据采集阶段的技术难度，我们选择了"报道数量""报道来源""篇幅长度""搜索排序"这四个特征指标作为统计度量评价模型的输入特征。

二、基于社交媒体统计度量特征的评价模型

（一）模型介绍

对于选定的统计度量特征指标，我们选择使用基于模糊数学的多层次综合评价模型进行处理①，进而得出"一带一路"舆情信息国际传播效果分析结果。模糊（Fuzzy）数学，是美国控制论学者扎德（L. A. Zadeh）专门为了处理模糊现象，而在1965年提出的数学理论，与精确数学相对应，经过近些年数学、统计学、控制理论、决策理论以及模式识别与信息检索研究的发展，已经被广泛应用于（不限于）上述领域的各个方面。

模糊综合评价提出的初衷是给在实际生活中一些综合问题提出一个可行的评价方法，在模型中常常会用到模糊数学的一些定义和知识。可以说，模糊综合评价方法就是将一些在实际生产生活实践中不容易被量化或者不容易

① 葛欢. 基于会展活动的先进制造业科技信息传播效果评价研究［D］. 上海：上海应用技术大学，2017.

被厘清边界的统计因素，使用模糊数学的工具或者模糊数学关系合成的原理，处理易于量化评价的统计特征和统计因子，使模型可以从多个角度对事物进行综合性评价的一种方法。这种模型由我国学者汪培庄最早提出。概括起来可以分为先将每个统计特征因子单独进行评价，再将所有统计特征因子合起来评价两个步骤。模糊评价法之所以在统计分析领域较为流行，主要因为其数学模型容易快速上手，比较简单；但同时又能够对生产生活中遇到的多层次、多因素的复杂实际问题做出拟合性比较好的评价结果，这是其他统计模型和数学方法不能取代的原因。

层次分析法是在 20 世纪 70 年代中期提出的，提出者是美国匹兹堡大学 T. L. Saaty 等教授，全称为 Analytic Hierarchy Process（AHP）。[①] 层次分析法的目的是将整个较复杂问题分解成若干个因子，然后根据实际需要进行进一步的分层分解，从而形成一个金字塔状的、有序的、逐层递进的阶梯结构。其中，各个因子的重要性可以通过两两比较排序的方式来产生。总体而言，层次分析法的基本思想就是先将复杂问题按照层级逐层分解，将原问题针对整体的评价转化为对这些分解后因子的逐个比较，然后整体地进行一次权重的排序判断，最终得到一个包含各因子的权重矩阵。

经过上文的分析，我们最终选择了本研究设计评估方面的主要特征指标。

（1）"报道数量"，代表在信息采集的主要社交媒体平台上搜索"一带一路"及"一带一路"相关关键词列表中的词得到的结果总量。

（2）"报道来源"，代表前述搜索到的结果在社交网络新闻媒体中不断转发形成的转发链的源头，也即最初的发帖人、爆料人等。

（3）"篇幅长度"，代表前述结果博文、推文内容的篇幅长短，微博、

---

① SAATY T L. Decision Making—The Analytic Hierarchy and Network Processes（AHP/ANP）[J]. Journal of Systems Science and Systems Engineering，2004（13）：1-35.

Twitter 和 Facebook 等社交媒体均属于以碎片化社交为主的社交媒体，其对于传播内容的篇幅有上限要求，以 Twitter 为例，普通 Twitter 字数应不超过 140字，在这种情况下，文本内容的长短所代表的含义、反映的倾向，以及反映程度都被放大，值得我们统计研究。

（4）"搜索排序"，代表在信息采集的主要社交媒体平台上搜索"一带一路"及"一带一路"相关关键词列表中的词得到的每一条结果的展示位置，在推荐算法越来越成熟的今天，针对每一个用户的推荐各不相同，搜索结果的排序一定程度上代表了社交媒体用户和社交网络平台对这条结果的认知倾向和同向程度。

（二）模型计算过程

我们首先对第一章数据采集模型得到的结果进行统计分析，为四个指标分别设定各自的层级指标。

这四个特征指标作为统计度量评价模型的输入特征。假设"一带一路"舆情信息在社交媒体中的传播效果的评价因素集为 $U = \{$ 报道数量，报道来源，篇幅长度，搜索排序$\}$，直接用字母定义表示为 $U = \{u_1, u_2, u_3, u_4\}$，设定这四个统计特征在整体评价模型中的权重为 a_1, a_2, a_3, a_4，则可以将权重集定义为 $A = \{a_1, a_2, a_3, a_4\}$，相应的各个因子特征取值为 $V = \{ \leqslant 10, 10 \sim 1000, 1000 \sim 100000, \geqslant 100000 \}$，$\{$ 官方，媒体，大 V，普通账号 $\}$，$\{ \leqslant 30, 30 \sim 70, 70 \sim 110, 110 \sim 140 \}$，$\{$ 前 1 位，前 3 位，前 10 位，其他 $\}$，可以按照顺序使用代码表示为 $V = \{v_1, v_2, v_3, v_4, v_5\}$。根据前文的数据可以得到模糊评价矩阵，求解模糊矩阵的最大特征值为 λ_{max}，及其对应的特征向量 α。通过一致性检验后，根据训练得到的权重对模糊评价矩阵进行加权乘法得到最后的传播效果得分。

第四节　基于社交媒体观点挖掘的传播效果评价模型

在第二节基于统计度量特征模型的基础上，我们希望对某个具体的"一带一路"概念，自动给出更为全面、细致的量化传播效果，依托倾向性分析、评价要素抽取的结果，同时也综合基于统计度量的传播效果评价方法，建立更全面的传播效果评价模型，实现社交媒体上的"一带一路"传播效果评价。例如，还以输入的"马来西亚东海岸铁路"为例，在前一模型的基础上，进一步综合考虑从网页内容自动挖掘得出的观点极性、评价对象和评价词等复杂特征。

一、统计模型的不足

新时代媒体环境下时事热点信息在传播过程中受到多方面因素不同程度的影响，使得对于其传播效果的评价很难用简单的线性函数来拟合，有较为突出的非线性的特点。然而当前大多数统计方法使用的指标与最终的评价结果间大多数呈现线性关系，而且客观性较弱，主观性较强。因此，现有的评价方法对时事热点信息传播效果的评价能力不足，我们转而寻求传播信息中非线性的指标数据。

除了离散化的统计特征，网络文本中的内容信息对分析网络信息的传播效果很有帮助。例如，推文中文本的极性，可以直接反映用户对于某一观点的认可程度，可以很大程度上反映传播效果的好坏。在对文本倾向性的利用上，我们可以利用整体上文本的倾向性，也可以利用其中的某个评价对象，文本的描述对其各个方面有着怎样的情感。在第三章中，我们将对"一带一路"的文本倾向性分析问题定义为细粒度的情感分析问题。在"一带一路"

176

相关的英文社交媒体文本上，我们可以对给定的关于"一带一路"的相关文本以及其中的评价对象，判断其在人们关心的几个方面上的情感倾向。对于与"一带一路"相关的英文社交媒体文本，我们的评价对象可以是其中与"一带一路"相关的概念、项目或事件。例如，以"丝绸之路经济带"为代表的概念、以"中欧班列"为代表的项目以及以"中俄签署丝绸之路经济带与欧亚经济联盟对接声明"为代表的事件。我们的评价方面是人们所关心的概念的提出、项目的实施以及事件的发生会带来影响的几个方面，如政治、经济、民族等。

为联合情感分析的模型，利用第三章模型分析得到的结果，构成整体的pipeline模型，我们重新构建一个基于人工神经网络的信息传播效果评价模型。

"一带一路"舆情信息传播效果评价可以被当作一个线性回归任务来处理，建立一个回归模型来评价一个新的"一带一路"热点词的传播效果。在这个过程中，我们可以试验去掉或者添加各个线性或非线性特征，来寻找评价结果与人工评价拟合最好的回归模型的特征组合。BP神经网络通过前馈和反馈过程中信号的流动来模拟非线性关系，从而解决我们的回归问题。将PSO-BP神经网络算法应用于对Twitter上"一带一路"舆情信息传播效果的评价，避免了启发式思路中人工的影响，还可以通过样本的训练学习，为以后不同的社交媒体平台构建各自的传播效果评价模型，充分体现了端到端模型的灵活性。而且，粒子群优化算法也在其他领域的神经网络模型中取得了较好的效果。因此，本研究选择粒子群反向传播神经网络（PSO-BP）方法进行"一带一路"舆情信息传播效果的评价，能够使评价的结果更客观、更合理。

二、PSO-BP 神经网络模型

反向传播网络（Back Propagation Networks，BPNN）是当前最简单且有

效的神经网络模型，于 1986 年由 Rumelhart 等科学家提出。网络基本由输入层、中间层、输出层组成。其中输出层中包含损失函数，中间层包含待学习的参数，暂时通过随机赋初始值。模型通过非线性的损失函数计算误差，再通过导数的方式反向传播到中间每一层的参数上。虽然反向传播网络是现在使用最广也最简单的网络，但是 BP 算法通过梯度下降法，在参数初始值的基础上，在整个的参数空间中搜索最优参数的过程很容易陷入局部最优值，导致学习时间长、收敛速度较慢等问题。

粒子群优化算法（Particle Swarm Optimization，PSO）可以用来解决上述问题。PSO 算法是 Kennedy 和 Eberhart 在 1995 年提出的一种同样在全局参数空间基于群体智能的随机搜索算法。算法的灵感来源于对鸟类族群生活中的群聚和迁徙行为的模拟。PSO 算法通过将群体中的每个个体看作参数空间中的一个粒子，以各自的速度靠向自身最优位置，最后走到全局最优位置。通过模拟粒子间的协作和竞争，来实现对神经网络损失函数最小模型的搜索。PSO 算法实现起来不难，相较于梯度下降算法，不需要对超参数做复杂的调整，在一定程度上减少了训练的时间，提高了优化性能。同时，PSO 算法还可以提升模型的泛化能力，对非线性问题的优化提升尤其明显。[①]

基于 PSO-BP 的"一带一路"舆情信息传播效果评价过程主要包括以下三个步骤：样本数据选择、特征提取、方法实验和评估。

（一）特征提取和数据的归一化处理

将模型一中的统计度量信息也添加到神经网络中时，不同特征由于单位、量纲、取值范围的不同，在数值上通常都有较大的差距。直接用于神经网络训练容易造成权值分布的不平衡（参数分布差异过大会导致神经网络过于敏感，对于输入的微小变化在输出端产生巨大波动，这样的神经网络无法

---

① 李中梅. 新媒体环境下智库信息传播机理及效果评价研究［D］. 长春：吉林大学，2018.

正常工作），甚至会导致神经网络训练的不收敛。所以，为了使 BP 神经网络可以正常训练和工作，我们先要对差距较大的输入数据进行归一化处理，处理过程用到了非线性的 Sigmoid 函数，将输入数据映射到（-1，1）之间，再采用如下公式对样本完成归一化。

$$PN = \frac{2(p - p_{min})}{p_{max} - p_{min}} - 1$$

$$TN = \frac{2(t - t_{min})}{t_{max} - t_{min}} - 1$$

公式中，我们用 p 代表输入数据值，$p_{max} - p_{min}$ 代表了 p 的取值范围（最大值减最小值）；用 t 代表输出数据值，$t_{max} - t_{min}$ 代表了 t 的取值范围（最大值减最小值）。

（二）BP 神经网络的初始化

1. 输入层、输出层：依据前文的选择，基于神经网络的"一带一路"舆情信息评价模型的输入特征一共有 10 个，其中，4 个为统计度量特征（与基于统计度量特征的评价模型相同），分别为"报道数量""报道来源""篇幅长度""搜索排序"。每个特征划分 4 个取值范围，对应 4 个特征值。"报道数量"对应少于 10 条、10 条到 1000 条、1000 条到 100000 条和多于100000 条。"报道来源"对应官方、媒体、大 V 和普通账号。"篇幅长度"对应小于 30 个字符、30 个字符到 70 个字符、70 个字符到 110 个字符和 110个字符到 140 个字符。"搜索排序"对应处在前 1 位、处在前 3 位、处在前10 位和其他。4 个为推文整体细粒度情感极性特征，分别为政治、经济、文化、环境，对应的特征值为各自的情感极性值。两个为推文中抽出的关键词，其特征值为置信度。因此 PSO-BP 神经网络的输入层神经元数目为 10个。输出层直接输出当前"一带一路"政策相关的查询词在 Twitter 上面的传播效果。因此输出层的神经元个数为 1，输出结果为传播效果的评价分值，分值为浮点数值，范围在-1 到 1 之间。值越趋近于-1，表示与该关键词有关的舆情传播较广，但是形象较差，公众的态度偏向负面。值越趋近于 1，则表示与该关键词有关的舆情传播较广，但是形象较好，公众的态度偏向正面。

2. 隐藏层及其节点数：在数学上可以证明，使用两层神经网络（单隐层神经网络）就可以拟合任意非线性函数。所以，为了降低模型的复杂程度，减少过于拟合的可能性，并提升网络的训练速度，我们在模型中只设置一个隐藏层。隐藏层的参数是神经网络模型参数的主要部分，对评价传播效果的结果有比较大的影响。如果设置过少的隐藏节点，神经网络很难得到充分的训练，无法发挥拟合的作用，而如果隐藏层节点过多则会导致神经网络过于拟合。对隐藏层节点数等超参数的选择到目前为止并没有精确的调整方法，只能依靠实验人员依据经验和实验结果表现来调整。这里我们采用一个比较常用的经验公式，在每一轮训练前对公式进行计算得到超参数的值，迭代进行调整。经验公式如下（其中 h_j 为输入层节点数、h_i 为输出层节点数、h_k 为隐藏层节点数）：

$$n_j \leqslant \sqrt{n_i \times (n_k + 3)}$$

在调整超参数的时候，要保证控制变量法，即训练一个模型只能改变一个参数，并保持训练样本和其他超参数不变。最后选择模型评价结果与人工评价结果拟合程度最高的模型中的隐藏层节点数作为最优超参数值。

3. 权重初始化、激活函数选择、损失函数选择：PSO-BP 神经网络模型中所有需要训练的参数都要首先进行初始化，然后在初始值的基础上不断迭代进行优化。本研究中需要初始化的参数值有神经网络模型中的输入层、输出层，隐藏层中的权值以及神经元里的阈值，粒子群算法里面的粒子与各个权值阈值之间的对应关系。神经网络中的激活函数是神经网络拟合非线性能力的主要原因，选择好的激活函数能够使神经网络发挥最好的作用。常用的激活函数有：sigmoid 函数（S 型）、反正切双曲线函数（tanh）、ReLU 函数等。在数据经过归一化之后，都被强制约束在了－1 到 1 之间，是选择 sigmoid 函数比较理想的情况。因为我们要完成的是拟合回归任务，因此选择最小平方误差作为损失函数，函数表达式如下：

$$MSE = \frac{1}{N} \sum_{i=1}^{N} (y_i - \hat{y_i})^2$$

（三）PSO 算法对 BP 神经网络的优化

1. 设置 PSO 算法参数。根据设置好的超参数要求，先设定粒子数、群体数量、个体最优值、全局最优值、惯性大小等超参数。粒子初始的位置和速度随机初始化，粒子维度由以下式子计算得到：

$$D = h_j + h_i \times h_j + h_j \times h_k + h_k$$

其中 h_i，h_j，h_k 含义与上文相同。

2. 适应度函数的设定。粒子群算法使用适应度函数来判断是否需要更新，我们将 BP 神经网络的损失函数、最小平方误差作为适应度函数：

$$f = \frac{1}{N} \sum_{i=1} \sum_{j=1} (y_{ij} - \bar{y}_{ij})^2$$

其中 y_{ij} 表示实际值，$\bar{y}_{ij}$ 为标准值，N 表示总个数，D 表示粒子维数。

3. 个体极值与全局最优极值的更新。PSO 算法通过将群体中的每个个体看作参数空间中的一个粒子，以各自的速度靠向自身最优位置，最后走到全局最优位置。通过模拟粒子间的协作和竞争，来实现对神经网络损失函数最小模型的搜索。首先计算每个粒子个体的适应度函数值，和记录的以往最大值做比较，来更新个体最优值。然后在更新每个粒子最优值时，将其与全局最优值做比较，从而更新全局最优值。两者都更新后，根据新的参数和结果重新计算每个粒子的位置和速度。

$$v^{k+1} = w * v^k + c_1^* \ r_1^* (P_p^k - X^k) + c_1^* \ r_1^* (P_p^k - X^k)$$

$$X^k = X^K + v^k$$

上述公式中，v 为粒子的速度，w 为对应的惯性值，k 为当前处于第几轮迭代中，c_1 和 c_2 通常是范围落在 0 和 1 之间的随机值，表示加速因子。P_p 和 P_g 代表个体最优值和全局最优值，X 代表粒子更新后的位置。

跳转到步骤 2，然后循环，直到超过迭代次数阈值或误差满足精度阈值停止。得到的全局最优值即为对神经网络优化后的参数。

（四）PSO-BP 神经网络的训练过程

BP 神经网络的训练过程遵循先进行数值正向传播，再进行误差（导数）反向传播的步骤，不断循环直到误差足够小或者迭代次数足够多。

1. 根据（二）中的初始化方法，对神经网络的参数和粒子群算法的参数进行初始化。

2. 将样本送进神经网络模型，逐层分别计算隐藏层输出值和输出层输出值。

3. 根据模型输出的评价分数和标准的评价分数（人工评价分数），使用损失函数计算模型误差。

4. 使用反向传播算法，逐层计算损失函数对参数的偏导数并结合学习率更新参数。

5. 达到误差要求或达到最大迭代次数，终止训练过程。

（五）样本集测试和模型使用

使用样本对 PSO-BP 神经网络进行训练之后，将模型的参数保存。在需要进行"一带一路"舆情信息传播效果评价的时候，首先将查询词的数据进行整理，先对统计度量特征进行统计，得到"报道数量""报道来源""篇幅长度""搜索排序"四个指标分别对应的值，然后通过社交媒体观点挖掘得到查询词相关推文在政治、经济、文化、环境四个方面的情感极性值和查询词对应的推文中的关键词。然后将处理好特征的样本送入重载了参数的神经网络模型，经过前向传播得到最终的评价值。

第五节 "一带一路"国际传播效果评估的实验设计和对比分析

为了更好地说明模型的工作过程和实验效果，我们选择了关键词列表中，频率较高的五个英文短语（Padma Rail Link，the belt and road，The China Road，The New Silk Road Project，Belt & Road）作为案例分析。

一、数据预处理

首先对文本进行清洗，通过正则表达式等手段去掉较多的 HTML 字符，例如，lt、&gt、&& 等。还有一些 HTML 的特定表达，例如，文本中的链接等，有可能因为采集手段的限制而掺杂在正文当中。然后去掉在社交网络中较为常见的表情符号，在文本中被编码成 [笑]，[哭]，[哭笑不得]。

对数据按照统计特征进行统计，并进行归一化。根据爬取到的语料构建词袋模型。

构造测试数据集，根据查询词随机选择 100 条推文，通过调查问卷的方式为每条推文的传播效果打分（取值为 0，0.2，0.4，0.6，0.8，1），结果取均值。

二、统计度量模型

在最基础的统计度量模型中，我们不考虑推文的内容对传播效果的影响，只对四个统计度量指标的频率值进行模型计算，并得出输出。首先统计例词的统计特征指标，以 the belt and road（一带一路）为例，分别按照不同层级统计报道数量、报道来源、篇幅长度、搜索排序四个特征的频率。

报道数量：≤ 10 （15.7%），10 ~ 1000 （46.3%），1000 ~ 100000 （33.2%），≥ 100000 （4.8%）

报道来源：官方（17.4%），媒体（35.8%），大V（32.5%），普通账号（14.3%）

篇幅长度：≤ 30 （30.7%），30~70 （34.2%），70~110 （26.3%），110-140 （8.8%）

搜索排序：前 1 位 （10.3%），前 3 位 （29.4%），前 10 位 （39.6%），其他 （20.7%）

根据 the belt and road 词条统计特征，基于层次分析法，计算得到模糊矩阵：

$$R = \begin{bmatrix} 0.157 & 0.463 & 0.332 & 0.048 \\ 0.174 & 0.358 & 0.325 & 0.143 \\ 0.307 & 0.342 & 0.263 & 0.088 \\ 0.103 & 0.294 & 0.396 & 0.207 \end{bmatrix}$$

求解 R 矩阵得到最大的特征值为 $\lambda_{max} = 1.036$，对应的特征向量为 $\alpha = (-0.485, -0.448, 0.447, -0.557)$，通过一致性检验查表得到 $RI = 0.9$，$CI = 0.0271 < 0.1$，通过一致性检验。然后根据训练得到的权重进行加权乘法，得到最后的传播效果得分 0.862。

对其他例词进行同样步骤的计算，进行传播效果的评价。（如表 5.1 所示）

表 5.1 统计模型结果

查询词	传播效果评分	人工评判
the belt and road	0.757	0.821
Mombasa Nairobi Standard Gauge Railway SGR	0.861	0.897
Yamal LNG Project	0.872	0.901
Addis Ababa Light Rail	0.894	0.937

查询词	传播效果评分	人工评判
Allama Iqbal Industrial City	0.839	0.879

三、融合媒体观点挖掘的统计度量模型

我们以 pipeline 的方式将社交媒体倾向和抽取出的关键词及其情感倾向融合到第一节的统计模型中，将第三章情感极性分析得到的结果用 p_1 表示，对每一条推文选择置信度最高的一个关键词，其情感极性同样用 p_2 表示。将 p_1 和 p_2 作为新添加的两个统计特征计算新的评价矩阵 R 和评价得分。

以关键词"the belt and road"为例，通过词袋模型得到词组短语的向量化表示：[3，452，2，287]。多条博文中关键词"the belt and road"对应的情感极性平均值为 0.87，将其正则化后与模糊矩阵最大特征值对应的特征向量直接连接得到新的特征向量：$\alpha = (-0.485, -0.448, 0.447, -0.557)$，之后根据权重矩阵得到加权乘积 0.896。

对其他例词进行同样步骤的计算，进行传播效果的评价。（如表 5.2 所示）

表 5.2 融合媒体观点挖掘的统计度量模型结果

查询词	传播效果评分	人工评判
the belt and road	0.796	0.821
Mombasa Nairobi Standard Gauge Railway SGR	0.873	0.897
Yamal LNG Project	0.895	0.901
Addis Ababa Light Rail	0.903	0.937
Allama Iqbal Industrial City	0.852	0.879

四、神经网络模型

我们将统计度量模型中的"报道数量""报道来源""篇幅长度""搜索排序"四个特征连接成一个向量 $v=(v_1,v_2,v_3,v_4)$，将第三章情感极性分析得到的结果用 p_1 表示，使用预训练的编码第四章中模型抽取到的关键词 $c_1 \cdots c_n$，其情感极性同样使用 p_2 表示，将上述向量连接为 PSO-BP 神经网络的输入向量 $i=[v,p_1,c_1\cdots c_n,p_2]$。使用 MSE 损失函数进行拟合。

以高频词"the belt and road"为例，第三章情感分析模型得到的情感极性值为 0.87，第四章层次情感分析模型抽出的情感关键词 innovative，cooperative 和 invasive（见表 4.1），对应的 p_2 分别为 0.87，0.96，0.42。构造三个特征向量输入模型进行训练。

表 5.3　神经网络模型结果

查询词	传播效果评分	人工评判
the belt and road	0.835	0.821
Mombasa Nairobi Standard Gauge Railway SGR	0.824	0.897
Yamal LNG Project	0.782	0.901
Addis Ababa Light Rail	0.855	0.937
Allama Iqbal Industrial City	0.892	0.879

五、三种模型的对比

经过对比，可以看出加入了文本倾向性判断和关键词挖掘与倾向性判断的统计模型对测试结果拟合得最好。证明推文的情感倾向和关键词以及其情感倾向对判断"一带一路"舆情信息传播效果较为重要。

以流水线风格集成第三章和第四章模型结果的方式会造成上游任务错误

地传递到下游。例如，第三章的情感极性分析在传播效果的分析上是较为重要的特征，正向的倾向代表了传播效果成功，反之失败。如果正向的推文或者评论被误分类为负向的，则导致针对这一句评价的传播效果差异巨大。

在实验中，我们发现文本极性二分类的效果较好，发生极性翻转的现象较少。而关键词抽取和关键词情感倾向的预测即使有错，也只是作为一部分的特征，不足以改变整个内容的传播效果。

基于神经网络的 PSO-BP 模型虽然较为先进，但在仅有少量标注数据的情况下，难以发挥出效果。如果可以标注大量的数据，那么神经网络可以将关键内容和关键词编码为词嵌入的方式，通过引进更多先验知识来提升传播效果评价能力。

六、评价结果分析

下表给出了 5 个代表案例用于分析本研究评价模型所得到的传播效果。

表 5.4 传播效果评价结果案例分析

查询词	推文	情感极性	评价词	评价词置信度	模型评价	人工评价
the belt and road	Belt and Road Initiative is a long-term strategy to make China the center of the global economy.	(economy, positive) (politics, positive)	long-term, futureless,	0.97 0.65	0.796	0.821

续表

查询词	推文	情感极性	评价词	评价词置信度	模型评价	人工评价
	Pakistan Prime Minister Imran Khan visited China to attend second Belt and Road forum 2019. Khan also met Chinese leadership during the visit and engaged views to enhance bilateral ties.					
	How China not to lead in technology in the world in long run. It produced the most STEM graduates.					
Mombasa Nairobi Standard Gauge Railway SGR	The Mombasa Nairobi Standard Gauge Railway SGR had a major impact on Kenya's economic development.	(economy, positive)	influential, impactive, longest, infusive	0.76 0.82 0.97 0.55	0.873	0.897
	The Mombasa Nairobi Standard Gauge Railway SGR was built by China road and bridge corporation using Chinese equipment.					
	The Mombasa Nairobi Standard Gauge Railway SGR is the longest railway in Kenya spanning a national park.					
Yamal LNG Project	The Yamal LNG Project will improve yamal so that abundant natural gas can be transported to the country.	(economy, neutral) (environment, neutral)	beneficial, helpful, advantageous, largest, officially	0.77 0.81 0.64 0.95 0.93	0.895	0.901

续表

查询词	推文	情感极性	评价词	评价词置信度	模型评价	人工评价
	The Yamal LNG Project is the world's largest liquefied natural gas project jointly built by China and Russia.					
	On December 8, 2017, the Yamal LNG Project, a major China–Russia energy cooperation project, was officially put into operation.					
Addis Ababa Light Rail	Addis ababa light rail is the first urban light rail in Ethiopia and even East Africa.	(environment, positive)	urban, light, first, smoothly	0.79 0.76 0.83 0.92	0.903	0.937
	So far, the Addis ababa light rail project has gone smoothly.					
	Addis ababa light rail passes 55 million passengers: "with China's light rail, it looks like a big city."					
Allama Iqbal Industrial City	The Allama Iqbal Industrial City project could increase export capacity to cope with trade.	(economy, positive)	convenient, applicative, strongly supported, hampering	0.88 0.70 0.83 0.32	0.852	0.879
	The Allama Iqbal Industrial City project is an industrial development project that should be strongly supported by the state and will promote industrial production activities by attracting foreign and local investment.					
	Technical glitches are currently hampering further development of the Allama Iqbal industrial city project.					

关键词的选取我们依据"粒度粗细结合""高频率""客观词"三个原则，选择最高的 5 个进行具体内容的展示。"粒度粗细结合"：我们只选择了一个"The Belt and Road"，其余的词都属于具体的"一带一路"政策中扶持的知名项目，我们认为对这类具体词的评价更能检测模型的好坏，也最能展示"一带一路"政策国际传播的效果。"高频率"：我们尽可能选取在 Twitter 平台上出现频率较高的词。频率较高保证了评价结果的偶然性较低，且说服力更强。"客观词"：我们尽可能选择客观的项目词而非本身就带有主观感情色彩的词。

结果表明，"The Belt and Road"之类的宏观词，对应到推文中，正面评价居多，但是掺杂了一些负面的声音，会降低传播效果的正面效果。

其他较为具体的评价词，Twitter 评价均较好，经过加权计算得到的传播效果评价得分较高。具体来看，在带有"The Belt and Road"这种宏观词的 Twitter 中，抨击中国体制问题的占据了负面评价的绝大部分，负面评价易造成广泛的传播和转发，对"一带一路"政策的舆情传播造成不好的影响。在有关"一带一路"政策扶持具体项目的 Twitter 中，陈述这些项目对当地经济民生拉动作用的居多，评价基本客观且均为正向，因此传播效果较好，计算得到的评价值较高。

本章小结

本章研究并提出了一种"一带一路"舆情信息国际传播效果的评价模型。从"一带一路"政策的背景出发，首先分析了既有研究的基础，包括对"一带一路"舆情信息传播结果进行效果评估的必要性，以及理论和方法上的各种基础。随后，介绍了在本研究的主体社交媒体平台 Twitter 上舆情信息的传播模式和传播效果。然后研究了针对社交网络上舆情信息传播效果评价的方式，主要是基于建模传播过程和基于分析传播结果的评价模型。考虑到建模过程模型的缺点及本任务的特点，选择了基于分析传播结果的模型。

在理论和方法上，先后分别详细介绍了使用基于社交媒体统计度量特征和基于社交媒体观点挖掘的方法。在统计特征的选择上，基于"5W"模式并参考其他工作，选择了报道数量、报道来源、篇幅长度、搜索排序四个特征，并使用层次分析模糊模型计算评价指标。在基于社交媒体观点挖掘的方法中，将前两章得到的情感极性以及关键词和其情感极性数值化或向量化，并当作特征添加到统计模型或神经网络模型中去。

在实验和数据分析方面，在从 Twitter 上采集得到的数据上，分别对基于统计度量特征，基于社交媒体观点挖掘，以及两者相结合的方法进行测试，比较评价模型结果与人工评价结果之间的差距。结果表明，使用添加了社交媒体观点挖掘特征的统计模型在评价结果上与人工评价的结果最为接近。

第六章

结论和展望

本项研究主要采取了计算传播学的路数，通过将计算机科学的自动化技术应用到国际传播研究中，针对"一带一路"英文社交媒体上的传播效果，形成方法路线、系统和工具，从而为国际传播研究提供助力。

第一节　本研究主要工作与结论

"一带一路"是我国政府提出的多元开放包容的国际性合作倡议，具有重大历史意义。本研究探索了"一带一路"在社交媒体上的传播效果评价方法，完成了四项基本任务，一是 Twitter 平台"一带一路"样本集的分析、设计和构建，二是"一带一路"相关英文社交媒体倾向性分析模型的建构，三是"一带一路"相关评价词抽取算法的设计，四是"一带一路"的国际传播效果评价方法的分析。本研究提出了一系列有针对性的模型和算法，构建了专用数据集，实现了专用原型工具，有助于决策者和相关研究者实时掌握"一带一路"的国际传播深度、广度和境外受众的真实反馈，从而有助于研究者与决策者及时地进行传播控制与干预。同时，本研究运用大数据技术和自然语言处理算法解决传播问题，对"一带一路"话题之外的国际舆情监测和传播效果进行研究，是计算传播学方面的有益探索，有一定的方法论意义。

本研究的主要工作与结论可以总结为以下四个部分。

第一，设计与构建了面向"一带一路"的社交媒体样本集。从"一带一路"的背景出发，分析了当前针对"一带一路"社交媒体样本构建工作存在的不足。已有研究大多是针对政府账号和主要国内媒体在"一带一路"的传播影响，缺乏对个人言论的关注，同时时效性不足，关于"一带一路"传播的研究文献大多在 2017 年之前，而 2018 年之后的研究工作较少。为解决数据来源差异性不足和时效性问题，本章提出了聚焦于具有时效性的样本集构建，为了充分考虑来自个人和广义社会群体的网络使用者所有关于"一带一路"的信息、观点、意见、态度和情绪的集合，个人、媒体、企业、网站、论坛等"一带一路"的传播者和话题参与者都会作为舆情的传播者列入研究对象。为了分析、整理在"一带一路"国际传播过程中发挥主要作用的英文社交媒体，通过统计国外社交媒体（Facebook、Twitter 等）的影响力排名，本研究发现 Twitter 具有较高的使用率，降低了信息发布的门槛，使更多草根用户能够广泛参与，因而使用者身份结构更加多样化，最终选择将 Twitter 作为主要的数据采集来源。通过分析和研究，针对 Twitter 的数据采集，我们提出两种可行的采集策略以实现数据集构建任务：基于查询词的推文采集和基于查询词的用户采集。最终开发实现了一个社交媒体样本数据采集系统，能够实现社交媒体样本数据集采集的功能，以便给后续的网络倾向性分析和社交媒体评价对象以及评价词的抽取提供数据支撑。

对比以往相关研究，本章工作的特色和优势主要在于设计了针对"一带一路"的数据采集方法，研究了"一带一路"相关概念、项目和事件在国外媒体的传播特点，对相关社交媒体情况进行统计分析，进而选择有针对性的采集对象，设计专用的采集策略。本章所研究构建的面向"一带一路"传播的社交媒体样本数据集为后续的面向"一带一路"的细粒度情感倾向性分析，以及评价词的抽取等研究提供了有力的数据支撑。传统"一带一路"相关传播分析，大多依赖手动构建的样本集，因而大多只能用于事后分析复盘，难以实时给出决策建议，而本章研究工作及所形成的采集工具，能够实时地、有针对性地采集"一带一路"的传播情况，可以为实际传播工作中的干预、调整等决策发挥支撑作用。

第二，研究并提出了面向"一带一路"社交媒体内容的情感极性分析模型。从"一带一路"的背景出发，首先分析了当前"一带一路"舆情分析工作存在的不足。针对分析数据的来源（Twitter 上"一带一路"相关的推文），本研究将问题定位到细粒度的情感分析上。在对比了情感分析学术任务 SemEval 和 Sentihood 后，本研究给出了问题的定义与形式化表示。其中在评价方面的定义上，本研究从"一带一路"背景、研究者及社会群众所关注的角度出发，寻找最合适的评价方面。在基于观察的分析中，本研究通过查阅相关文献，得到社会最关心的"一带一路"可能带来影响的方面；在基于关键词抽取的分析中，本研究采用不同关键词抽取技术，抽取其中的关键词，并筛选得到其中与"一带一路"相关的词作为评价方面。综合上述两种分析，本研究得到最终在"一带一路"文本上进行情感分析的评价方面的定义。

对比以往相关研究，本章工作的特色和优势主要在于：在技术方法上，研究并给出了针对"一带一路"社交媒体倾向性分析的模型，充分调研了细粒度情感分析的研究进展，结合本研究领域与问题定义，本研究给出了针对"一带一路"社交媒体倾向性分析的模型，在模型的每一部分，详细分析了"一带一路"特有的难点及相应的针对性解决办法。模型中的关键组件是将"一带一路"相关的常识性知识引入模型中。本研究以 SenticNet 为基础，定义了"一带一路"知识库的结构和网络，通过常识性知识的编码，向量化的额外知识能够帮助模型过滤无效信息并保留关键信息，从而提升在"一带一路"情感分析模型中的效果。在平台实现上，基于本研究提出的面向"一带一路"相关社交媒体的细粒度情感分析模型，开发实现了"一带一路"社交媒体文本的细粒度情感分析原型系统，并借助 Flask 框架搭建可视化模块和接口。本章所实现的原型系统对比通用的情感分析系统或者其他基于评论数据的情感分析系统，在分析粒度、分析领域上都能更好地处理"一带一路"的情感分析问题。能够为评价"一带一路"的传播效果及相关扩展应用提供可靠支撑。

第三，提出了面向"一带一路"相关社交媒体内容的评价要素抽取算法。从"一带一路"的背景出发，首先分析了当前"一带一路"舆情工作存在的不足，以及面向"一带一路"的社交媒体倾向性分析并不侧重快速、定性的媒体分析整体观点，因此提出了面向"一带一路"的评价词抽取任务，在与 SemEval 和传统的评价词抽取任务进行对比之后，得到问题的形式化表示。由于社交媒体文本往往是由多个句子构成的短文本，其内容形式不固定，但是格式往往遵循社交平台规则，因此在本研究中，将这两种级别的评价词抽取任务结合起来，统称语料级别的评价词抽取，将任何输入文本都视为一个语料，从而构建语料集进行评价词识别。本研究所使用的算法对第二章所采集的社交媒体样本集进行数据预处理，经过 NLTK 的词性标注模块进行分词和词性的标注，依存句法分析模块对句子的句法结构进行建模，将无结构的文本数据转化为树形的结构化数据，为评价词和评价对象构建联系。之后，经过语义角色标注模块和指代消解模块，将句子中的实体信息进行进一步标注，获得更为丰富的结构化语义信息，同时对各个评价对象进行消歧，提高评价词识别的召回率。最后，经过一种评价词和评价对象的双向传播算法以及基于从句和基于评价词短语的剪枝算法，最终可以获得语料级的评价词集合。

对比以往相关研究，本章工作的特色和优势主要在于：相比传统的评价词识别算法，本研究更好地解决了面向"一带一路"评价词抽取任务中一词多义、多词同义、新词术语、复合评价词、隐式评价词等现象和问题。针对这些难点与问题，提出了一种将规则匹配与句法结构、依存关系、语义角色识别、指代消解结合起来的评价词识别算法，很好地解决了面向"一带一路"的评价词抽取任务里的难点。本研究以"一带一路"评价词识别为基础，设计了详细的"一带一路"社交媒体文本的评价词识别对比实验，并借助 Flask 框架搭建可视化模块和接口。通过与几个经典的基线模型进行对比，强有力地说明了本研究所提出方法的有效性。

第四，提出了"一带一路"传播效果综合研判方法。从"一带一路"政策背景出发，首先强调了对"一带一路"舆情信息的传播结果进行效果评估的必要性，并介绍了在本研究主要面向的社交媒体平台 Twitter 上舆情信息的传播模式和传播效果。接下来调研了针对社交网络上舆情信息传播效果评价的方式，大体分为基于建模传播过程和基于分析传播结果的评价模型。考虑到建模过程模型的缺点以及本任务的特点，本研究选择了基于分析传播结果的模型。在理论和方法上，先后分别详细介绍了使用基于社交媒体统计度量特征和基于社交媒体观点挖掘的方法。在统计特征的选择上，我们基于"5W"原则并参考其他工作，选择了报道数量、报道来源、篇幅长度、搜索排序四个特征，并使用层次分析模糊模型计算评价指标。在基于社交媒体观点挖掘的方法中，将前两章得到的情感极性以及关键词和其情感极性数值化或向量化，当作特征添加到统计模型或神经网络模型中去。在实验和数据分析方面，在从 Twitter 上采集得到的数据上，分别对基于统计度量特征，基于社交媒体观点挖掘，以及两者相结合的方法进行测试，比较评价模型结果与人工评价结果之间的差距。结果表明，使用添加了社交媒体观点挖掘特征的统计模型在评价结果上与人工评价的结果最为接近。

对比以往相关研究，本研究的特色和优势主要在于：在社交媒体统计度量信息和自然语言内容智能分析的基础上，针对"一带一路"相关传播的特点，选择符合传播主体以及传播媒介特点的统计特征（"报道数量""报道来源""篇幅长度""搜索排序"），并通过模糊矩阵层次分析法建立简单高效的传播效果评价模型。在此基础上，我们借助前文的社交媒体文本细粒度情感分析模型和面向"一带一路"的评价词抽取模型，将相关推文中包含的细粒度情感倾向和关键词及其置信度这些非统计的推理信息添加进统计模型，使得我们的传播效果评价方法对于传播效果的评价标准由是否传播得足够广，变为是否传播得又广又好，以及推文中具体哪些内容被重点传播。我们还探索了深度学习模型在评价模型中的效果，在少量标注数据的支持下，融合了社交媒体观点挖掘的 PSO-BP 神经网络同样可以起到较好的评价效果。

综上所述，本研究通过数据分析、改进算法、模型建立等措施，实现了对"一带一路"倡议国际传播效果评价体系建设方法论上的进一步创新。

第二节　研究展望

一切方法的探索，都应当是以研究、解决问题为出发点的，也需要与理论进行有机结合。同时，一切方法都不是静态、固定、不变的，而应当随着问题的延伸和技术的进步而不断完善与发展。在今后的研究中，将从以下两个方面做进一步拓展。

一是基于传播学规律的数据支撑研究。本研究对"一带一路"相关社交媒体的传播效果的评价方法，主要利用了内容信息，即社交媒体用户所发布的文字内容。但是，社交网络上的公开信息其实还有很多。例如，社交媒体用户之间的关系是什么样的，是不是一些用户与另一些用户关系更密切、观点更相似？哪些社交媒体用户是传播过程中的关键节点，他们的观点对"一带一路"的相关内容传播会发生更重要的影响吗？除此之外，自从 2018 年剑桥分析公司丑闻被曝光以来，各社交平台（尤其是 Twitter）数据接口 API 调用收紧，大量"反爬虫"机制介入，这些客观因素使得在"一带一路"相关社交媒体的传播效果评价方法建构中容易出现偏差。

简而言之，在本研究工作中并未考虑网络结构信息，特别是网络用户（发布者）的不对称性和网络传播结构的连接性。而这些特点，我们认为对更加准确地评价传播过程，特别是对传播过程进行及时、有效的干预，有重要价值。

我们对未来的传播效果评价研究的预期，主要是希望能够进一步探索并在模型中引入关键节点以及关键节点的结构特征，并可以探索使用图神经网络来处理这些非结构化的图信息。

另外，这些传播网络中的关键节点和路径信息的获取，需要更为复杂、成本更高、规模更大的信息采集手段作为支撑，因此也需要更大规模的研究投入。

二是基于时代特色的国际传播效果研究。当今世界正经历百年未有之大变局，国际环境中单边主义、民粹主义频发，以美国为首的西方传统强国甚至以"美国优先"作为当下发展的主要准则，这使得全球一体化发展大受影响，局部地区矛盾激化。在这一背景下，中国适时提出"一带一路"倡议，推动合作共赢与和平发展，倡议一经提出便得到了沿线众多国家的积极响应。在近些年的"一带一路"倡议建设过程中，一些举世瞩目的成果相继涌现，该倡议所带来的共赢红利正在造福更多的世界人民，"一带一路"倡议正在成为带动世界各国共同发展的新时代领航员。

从"一带一路"倡议提出至今，在发展过程中虽然已经取得了一系列可喜的成绩，但我们也看到，由于"一带一路"建设的长期性和复杂性，以及世界各国在意识形态、历史文化以及利益取向等方面的差异性，国际舆论尤其是"一带一路"共建国家的社交媒体舆论对"一带一路"倡议以及中国国家形象的认知呈现多元化的情况，包括出现了反对"一带一路"倡议和对华不友好的声音，构成了舆情风险。因此，如何将"一带一路"倡议所蕴含的中国智慧全面地传播给国际社会，如何避免以往由西方强国主导的霸权体系所形成的国际合作刻板印象，这是"一带一路"国际传播面临的重要任务与挑战。

与此同时，以社交媒体为代表的传播平台凭借着诸多传播优势，已经成为当今媒介社会中重要的国际外交工具，也自然成了"讲好中国故事"的有力载体。因此，基于国际社交媒体的"一带一路"国际传播效果研究就成了破局的关键。从这一层面讲，本研究正是立足这一现实需求，以社交媒体上的内容信息为基本研究对象，以计算传播学为理论基础，将大数据技术与自然语言处理算法运用在网络传播效果的自动评价上，并探索其在"一带一路"国际传播实践中进行实际应用的可行性。正如任孟山等指出的，新闻传播学领域对"一带一路"倡议的传播效果研究还十分匮乏。[①] 本研究所展示的研究路径既是对这一不足的有效补充，也是顺应时代发展价值，试图提出一整套对于改善"一带一路"国际传播效果的可行性方案，从而为未来理论的发展做好准备。

---

① 任孟山，王琳. 新闻传播学领域对"一带一路"倡议的研究——对2013—2019年新闻传播学 CSSCI 来源期刊的文献分析 [J]. 传媒，2020（06）：37-39.

参考文献

一、中文文献

（一）专著

［1］程曼丽，王维佳．对外传播及其效果研究［M］．北京：北京大学出版社，2011．

［2］郭庆光．传播学教程（第二版）［M］．北京：中国人民大学出版社，2011．

［3］胡正荣，段鹏，张磊．传播学总论（第二版）［M］．北京：清华大学出版社，2008．

［4］李智．全球传播学引论［M］．北京：新华出版社，2010．

［5］洛厄里，德弗勒．大众传播效果研究的里程碑（第三版）［M］．刘海龙，译．北京：中国人民大学出版社，2004．

［6］彭兰，高钢．中国互联网新闻传播结构、功能、效果研究［M］．北京：高等教育出版社，2011．

［7］魏然，周树华，罗文辉．媒介效果与社会变迁［M］．北京：中国人民大学出版社，2016．

［8］朱振明．理解国际传播：问题、视角和阐释［M］．北京：中国广播

电视出版社，2013.

（二）期刊

［1］程曼丽.国际传播能力建设的实践研究与意义——兼评《新媒体跨文化传播的中国实践研究》［J］.新闻与传播评论，2019，72（01）.

［2］董丹.语篇——历史视角下意大利主流媒体"一带一路"倡议报道的文本分析［J］.外语学刊，2018（06）.

［3］方格格."一带一路"倡议国内外传播效果对比——基于语料库的媒介话语分析［J］.传媒，2018（01）.

［4］房伟伟，李静远，刘悦，等.Twitter 数据采集方案研究［J］.山东大学学报（理学版），2012，47（05）.

［5］顾时宏.以中国声音传播中国善意——以"一带一路"建设中关于印尼媒体的谣言应对为例［J］.对外传播，2018（05）.

［6］郭光华.我国新闻媒体国际传播能力评估体系研究［J］.湖南师范大学社会科学学报，2017，46（04）.

［7］贺潇潇.我国对"一带一路"国家网络传播的现状与对策——以中亚五国为例［J］.对外传播，2015（06）.

［8］郝涛."一带一路"中社交媒体传播策略研究——以人民日报微博为例［J］.新闻研究导刊，2017，8（11）.

［9］侯迎忠，付阳，张天艺.全球治理语境下的中国形象研究——以"一带一路"国际舆情为例［J］.对外传播，2019（09）.

［10］胡岸，陈斌.国家议题的对外传播效果分析——以"一带一路"在海外社交媒体上的框架分析为例［J］.编辑之友，2018（12）.

［11］贾诗慧，张凡.阿根廷媒体看"一带一路"：焦点、舆情及报道框架［J］.国际传播，2018（02）.

［12］柯惠新，陈旭辉，李海春，等.我国对外传播效果评估的指标体

系及实施方法 [J]. 对外传播, 2009 (12).

[13] 李纲, 巴志超. 科研合作超网络下的知识扩散演化模型研究 [J]. 情报学报, 2017, 36 (03).

[14] 李怀亮. 浅析中国文化走出去效果评估体系的构建 [J]. 南开学报 (哲学社会科学版), 2018 (03).

[15] 李喜根. 以社会科学方法研究国际传播效果 [J]. 对外传播, 2017 (01).

[16] 李雪威, 赵连雪. 日本主流报刊媒体的"一带一路"报道变化分析——以《日本经济新闻》《读卖新闻》为例 [J]. 现代日本经济, 2018, 37 (05).

[17] 李智, 李逸萌. 德国媒体的中国形象建构——以《明镜周刊》"一带一路"报道为例 [J]. 国际传播, 2018 (04).

[18] 刘燕南, 刘双. 国际传播效果评估指标体系建构：框架、方法与问题 [J]. 现代传播 (中国传媒大学学报), 2018, 40 (08).

[19] 刘滢, 应宵. 媒体国际微传播影响力的内涵与评估 [J]. 国际传播, 2018 (04).

[20] 罗雪. 浅论我国媒体的国际传播效果评估体系构建 [J]. 当代电视, 2016 (10).

[21] 罗雪. 社交网络中全球媒体的国际传播效果提升策略研究——基于 CGTN 和 BBC 推特账户的比较分析 [J]. 电视研究, 2018 (02).

[22] 马冬丽, 尚学南. 中印主流报纸对"一带一路"报道的批评话语分析 [J]. 湖南工程学院学报 (社会科学版), 2018, 28 (01).

[23] 马胜荣. 媒体要重视"一带一路"倡议的传播效果 [J]. 公共外交季刊, 2015 (01).

[24] 马原. 新加坡主流媒体视野下"一带一路"的报道框架及身份建

构——以《联合早报》与《海峡时报》为例 [J]. 巢湖学院学报, 2018, 20 (05).

[25] 毛伟. "一带一路" 倡议在海外舆论场的话语建构与报道框架——以巴基斯坦主流媒体为例 [J]. 中国记者, 2018 (12).

[26] 毛伟, 文智贤. Twitter 平台央媒 "一带一路" 报道的大数据分析——如何打造传播矩阵 拓展 "一带一路" 朋友圈 [J]. 中国记者, 2018 (03).

[27] 孟泽云. 基于女性网购群体消费心理的营销策略探析 [J]. 电子商务, 2012 (06).

[28] 戚凯. "一带一路" 的国际传播——以主要央媒的报道实践为例 [J]. 青年记者, 2017 (23).

[29] 清华大学爱泼斯坦对外传播研究中心. "一带一路" 议题的国际舆情分析 [J]. 对外传播, 2017 (05).

[30] 任孟山, 王琳. 新闻传播学领域对 "一带一路" 倡议的研究——对 2013—2019 年新闻传播学 CSSCI 来源期刊的文献分析 [J]. 传媒, 2020 (06).

[31] 邵颖. 马来西亚官方媒体对 "一带一路" 的认知 [J]. 中国外语, 2018 (03).

[32] 沈菲. "一带一路" 战略对外传播效果的优化与提升 [J]. 今传媒, 2015, 23 (07).

[33] 宋美杰. 中心·边缘·群体: "一带一路" 倡议的国际新闻流通图景 [J]. 现代传播 (中国传媒大学学报), 2017, 39 (09).

[34] 宋晓雷, 王素格, 李红霞. 面向特定领域的产品评价对象自动识别研究 [J]. 中文信息学报, 2010, 24 (01).

[35] 汤景泰, 星辰, 高敬文. 论 "一带一路" 国际话语权的提升——

基于首届"一带一路"国际合作高峰论坛 Twitter 传播数据的分析 [J]. 新闻大学, 2018 (05).

[36] 王洁, 乔艺璇, 彭岩, 等. 基于深度学习的美国媒体"一带一路"舆情的情感分析 [J]. 电子技术应用, 2018, 44 (11).

[37] 王琳. 英美国家婴幼儿阅读推广项目研究及启示——基于拉斯韦尔 5W 传播模式 [J]. 图书情报工作, 2013, 57 (06).

[38] 王祎. 伊朗媒体对"一带一路"报道的新闻框架分析——以《德黑兰时报》和迈赫尔通讯社为例 (2013 年 9 月至 2018 年 10 月) [J]. 新闻研究导刊, 2018 (20).

[39] 谢飞, 张湛. 哈萨克斯坦主流媒体对我国"一带一路"报道的研究——以 2017 年报道为例 [J]. 传媒, 2018 (12).

[40] 徐四海, 张海波. 墨西哥媒体"一带一路"报道特征研究 [J]. 国际传播, 2018 (02).

[41] 张伦. 计算传播学范式对传播效果研究的机遇与挑战 [J]. 新闻与写作, 2020 (05).

[42] 张鑫. 大众传播效果研究新论 [J]. 湖南社会科学, 2003 (01).

[43] 张振华, 吴开超. 一种分布式 Twitter 数据处理方案及应用 [J]. 计算机应用研究, 2015 (07).

[44] 赵常煜, 吴亚平, 王继民. "一带一路"倡议下的 Twitter 文本主题挖掘和情感分析 [J]. 图书情报工作, 2019, 63 (19).

[45] 赵永华, 卢丹. "一带一路"倡议的对外传播效果研究——基于对外国受众的调查分析 [J]. 新闻春秋, 2020 (06).

[46] 周均. 以大数据思维创新"一带一路"传播 [J]. 传媒观察, 2015 (07).

[47] 周亭, 杨钰, 向雅琴. 关于南非媒体"一带一路"报道情况的研

究［J］.国际传播，2018（02）.

［48］朱琼莉，邹萍.加拿大主流媒体视野中的"一带一路"倡议解读——对《环球邮报》相关报道的内容分析［J］.上海对外经贸大学学报，2018，25（03）.

［49］朱喜安，魏国栋.熵值法中无量纲化方法优良标准的探讨［J］.统计与决策，2015（02）.

（三）论文

［1］葛欢.基于会展活动的先进制造业科技信息传播效果评价研究［D］.上海：上海应用技术大学，2017.

［2］李中梅.新媒体环境下智库信息传播机理及效果评价研究［D］.长春：吉林大学，2018.

［3］刘若涵.社交媒体平台的国家形象研究［D］.北京：北京交通大学，2019.

［4］倪园园.我国大型体育赛事赞助商赞助效果的评价研究［D］.武汉：华中师范大学，2017.

［5］孙成成.社交网络中节点重要性研究［D］.徐州：中国矿业大学，2019.

［6］同心.中国国家形象跨文化传播的评估指标体系研究［D］.上海：复旦大学，2014.

［7］吴晨晖.基于图卷积神经网络的人脸表情识别研究［D］.武汉：武汉科技大学，2019.

［8］徐凯.社交网络数据采集及传播路径分析［D］.南昌：江西农业大学，2013.

［9］翟忠武.网络舆情分析方法研究［D］.北京：清华大学，2011.

［10］周葆华.大众传播效果研究的历史考察［D］.上海：复旦大

学，2005.

[11] 朱超. 旅游微博营销效果研究 [D]. 长沙：湖南师范大学，2015.

（四）报纸

[1] 推进"一带一路"建设工作领导小组办公室. 共建"一带一路"倡议：进展、贡献与展望 [N]. 新华社，2019-04-22.

二、英文文献

（一）专著

[1] GARLICK J. The Impact of China's Belt and Road Initiative：From Asia to Europe [M]. London：Routledge，2019.

（二）期刊

[1] GUPTA A K, GOVINDARAJAN V. Knowledge Flows within Multinational Corporations [J]. Strategic Manage，2000，21（4）.

[2] ADAMS-COHEN N J. Policy Change and Public Opinion：Measuring Shifting Political Sentiment with Social Media Data [J]. American Politics Research，2020，48（5）.

[3] AMSALEM E, SHEAFER T, WALGRAVE S, et al. Media Motivation and Elite Rhetoric in Comparative Perspective [J]. Political Communication，2017，34（3）.

[4] INKPEN A C, TSANG E W K. Social Capital Networkers and Knowledge Transfer [J]. The Academy of Management Review，2005，30（1）.

[5] ATTEVELDT W V, PENG T Q. When Communication Meets Computation：Opportunities, Challenges, and Pitfalls in Computational Communication Science [J]. Communication Methods and Measures，2018，12（2-3）.

[6] DEARRUDA H F, SILVA F N, COSTA L D F, et al. Knowledge Ac-

quisition: A Complex Networks Approach [J]. Information Sciences, 2017.

[7] ARPAN L M, RANEY A. An Experimental Investigation of News Source and the Hostile Media Effect [J]. Journalism & Mass Communication Quarterly, 2003, 80 (2).

[8] BANKS A, CALVO E, KAROL D, et al. # PolarizedFeeds: Three Experiments on Polarization, Framing, and Social Media [J]. The International Journal of Press/Politics, 2020.

[9] BOLSOVER G, HOWARD P. Chinese Computational Propaganda: Automation, Algorithms and the Manipulation of Information about Chinese Politics on Twitter and Weibo [J]. Information, Communication & Society, 2019, 22 (14).

[10] BUDDENBAUM J M. A Review of "The Handbook of Global Communication and Media Ethics" and "The Handbook of Media and Mass Communication Theory" [J]. Journal of Media and Religion, 2015, 14 (3).

[11] CHAMBERS S. Measuring Publicity's Effect: Reconciling Empirical Research and Normative Theory [J]. Acta Politica, 2005, 40 (2).

[12] CONDIT C M, KAVOORI A P. Postcolonial or Neocolonial? Defining the Grounds of Research in Global Communication Studies: Getting past the Latest "Post": Assessing the Term "Post-Colonial" [J]. Journal Critical Studies in Mass Communication, 1998, 15 (2).

[13] DEROIAN F. Formation of Social Networks and Diffusion of Innovations [J]. Research Policy, 2002, 31 (5).

[14] KATZ E. Lazarsfeld's Map of Media Effects [J]. International Journal of Public Opinion Research, 2001 (3).

[15] FU J S, SHUMATE M. News Media, Social Media, and Hyperlink

Networks: An Examination of Integrated Media Effects [J]. The Information Society, 2017, 33 (2).

[16] GARRETT R K, WEEKS B E, NEO R L. Driving a Wedge between Evidence and Beliefs: How Online Ideological News Exposure Promotes Political Misperceptions [J]. Journal of Computer – Mediated Communication, 2016, 21 (5).

[17] GERBER A S, KARLAN D, BERGAN D. Does the Media Matter? A Field Experiment Measuring the Effect of Newspapers on Voting Behavior and Political Opinions [J]. American Economic Journal: Applied Economics, 2009, 1 (2).

[18] GIRVAN M, NEWMAN M E. Community Structure in Social and Biological Networks [J]. Proceedings of the National Academy of Sciences, 2002, 99 (12).

[19] GONZÁLEZ-BAILÓN S, PALTOGLOU G. Signals of Public Opinion in Online Communication: A Comparison of Methods and Data Sources [J]. The Annals of the American Academy of Political and Social Science, 2015, 659 (1).

[20] GUNTHER A C, EDGERLY S, AKIN H, et al. Partisan Evaluation of Partisan Information [J]. Communication Research, 2012, 39 (4).

[21] GUNTHER A C, LIEBHART J L. Broad Reach or Biased Source? Decomposing the Hostile Media Effect [J]. Journal of Communication, 2006, 56 (3).

[22] GUNTHER A C, MCLAUGHLIN B, GOTLIEB M R, et al. Who Says What to Whom: Content Versus Source in the Hostile Media Effect [J]. International Journal of Public Opinion Research, 2017, 29 (3).

[23] GUNTHER A C, SCHMITT K. Mapping Boundaries of the Hostile

Media Effect [J]. Journal of Communication, 2004, 54 (1).

[24] GUNTHER A C. The Persuasive Press Inference Effects of Mass Media on Perceived Public Opinion [J]. Communication Research, 1998, 25 (5).

[25] HARTMANN T, TANIS M. Examining the Hostile Media Effect as an Intergroup Phenomenon: The Role of Ingroup Identification and Status [J]. Journal of Communication, 2013, 63 (3).

[26] HE R, LEE W S, NG H T, et al. Exploiting Document Knowledge for Aspect-Level Sentiment Classification [J]. arXiv preprint arXiv, 2018.

[27] ARRUDA H F D, SILVA F N, COSTA L D F. Knowledge Acquisition: A Complex Networks Approach [J] Jnf. Sci, 2017.

[28] JIANG T J, WAN C X, LIU D X, et al. Extracting Target-Opinion Pairs Based on Semantic Analysis [J]. Chinese Journal of Computers, 2017, 40 (3).

[29] JONES L, ZENG J. Understanding China's "Belt and Road Initiative": beyond "Grand Strategy" to a state transformation analysis [J]. Third World Quarterly, 2019, 40 (8).

[30] KATZ E. Lazarsfeld's Map of Media Effects [J]. International Journal of Public Opinion Research, 2001, 13 (3).

[31] KIM Y, HWANG H. When Partisans See Media Coverage as Hostile: The Effect of Uncivil Online Comments on Hostile Media Effect [J]. Media Psychology, 2018.

[32] KOTRAS B. Opinions That Matter: the Hybridization of Opinion and Reputation Measurement in Social Media Listening Software [J]. Media, Culture & Society, 2020, 42 (7-8).

[33] LANGENDONK S. Discourse Power as a Means to "Struggle for Posi-

tion"：a Critical Case Study of the Belt and Road Narrative's Effects on Foreign Poli-cy Formulation in the Netherlands［J］. Journal of Chinese Political Science，2020.

［34］LI X，GUO L. Exposure to News about the South China Sea，National-ism，and Government Evaluation：Examining the Mediation Roles of Third-Person Effects and Online Discussion［J］. Chinese Journal of Communication，2018，11（4）.

［35］LUTHRA R. Transforming Global Communication Research with a View to the Margins［J］. Communication Research and Practice，2015，1（3）.

［36］MA D，LI S，ZHANG X，et al. Interactive Attention Networks for As-pect-Level Sentiment Classification［J］. arXiv preprint arXiv，2017.

［37］MATEI S，KEE K. Computational Communication Research［J］. Data Mining and Knowledge Discovery，2018，9（1）.

［38］MIN B，LUQIU L R. How Propaganda Techniques Leverage Their Ad-vantages：A Cross-national Study of the Effects of Chinese International Propaganda on the US and South Korean Audiences［J］. Political Communication，2020.

［39］NAH S，YAMAMOTO M. The Integrated Media Effect：Rethinking the Effect of Media Use on Civic Participation in the Networked Digital Media Environ-ment［J］. American Behavioral Scientist，2018，62（8）.

［40］NEWTON K. Mass Media Effects：Mobilization or Media Malaise?［J］. British Journal of Political Science，1999，29（4）.

［41］NISBET E C. The Engagement Model of Opinion Leadership：Testing Validity within a European Context［J］. International Journal of Public Opinion Research，2006，18（1）.

［42］PERLOFF R M. A Three-Decade Retrospective on the Hostile Media Effect［J］. Mass Communication and Society，2015，18（6）.

[43] PLOYWARIN S, SONG Y, SUN D. Research on Factors Affecting Public Risk Perception of Thai High-Speed Railway Projects Based on "Belt and Road Initiative" [J]. Sustainability, 2018, 10 (6).

[44] POTTER W J. Conceptualizing Mass Media Effect [J]. Journal of Communication, 2011, 61 (5).

[45] REID S A. A Self-Categorization Explanation for the Hostile Media Effect [J]. Journal of Communication, 2012, 62 (3).

[46] RUDER S, GHAFFARI P, BRESLIN J G. A Hierarchical Model of Reviews for Aspect-Based Sentiment Analysis [J]. arXiv preprint arXiv, 2016.

[47] SCHOBER M F, PASEK J, GUGGENHEIM L, et al. Social Media Analyses for Social Measurement [J]. Public Opinion Quarterly, 2016, 80 (1).

[48] SHEN H. Building a Digital Silk Road? Situating the Internet in China's Belt and Road Initiative [J]. International Journal of Communication, 2018.

[49] SUN C, HUANG L, QIU X. Utilizing BERT for Aspect-Based Sentiment Analysis via Constructing Auxiliary Sentence [J]. arXiv preprint arXiv, 2019.

[50] TANG D, QIN B, LIU T. Aspect Level Sentiment Classification with Deep Memory Network [J]. arXiv preprint arXiv, 2016.

[51] TANG J, LU Z, SU J, et al. Progressive Self-Supervised Attention Learning for Aspect-Level Sentiment Analysis [J]. arXiv preprint arXiv, 2019.

[52] VALKENBURG P M, PETER J, WALTHER J B. Media Effects: Theory and Research [J]. Annual Review of Psychology, 2016, 67.

[53] WILLETT G. Global Communication: a Modern Myth? [J]. South African Journal for Communication Theory and Research, 1995, 21 (2).

[54] WOOLLEY S C, HOWARD P N. Political Communication, Computational Propaganda, and Autonomous Agents: Introduction [J]. International Journal of Communication, 2016, 10.

[55] YOUNG A F, YOUNG R. Measuring the Effects of Film and Television on Tourism to Screen Locations: A Theoretical and Empirical Perspective [J]. Journal of Travel & Tourism Marketing, 2008, 24 (2-3).

[56] Zhang Y, Li X, AZIZ-ALAOUI M A, et al. Knowledge Diffusion in Complex Networks [J]. Concurrency and Computation: Practice and Experience, 2017, 29 (3).

（三）其他

[1] AKHTAR M S, SAWANT P, SEN S, et al. Solving Data Sparsity for Aspect-Based Sentiment Analysis Using Cross-Linguality and Multi-Linguality [C] //Proceedings of the 2018 Conference of the North American Chapter of the Association for Computational Linguistics: Human Language Technologies (Volume 1: Long Papers). 2018.

[2] BLAIR - GOLDENSOHN S, HANNAN K, MCDONALD R, et al. Building a Sentiment Summarizer for Local Service Reviews [C] //Proceedings of the 2008 WWW Workshop on NLP in the Information Explosion Era (NLPIX 2008). Beijing, China: ACM, 2008.

[3] CHEN P, SUN Z, BING L, et al. Recurrent Attention Network on Memory for Aspect Sentiment Analysis [C] //Proceedings of the 2017 Conference on Empirical Methods in Natural Language Processing. 2017.

[4] CHEN Z, QIAN T. Transfer Capsule Network for Aspect Level Sentiment Classification [C] //Proceedings of the 57th Annual Meeting of the Association for Computational Linguistics. 2019.

［5］ DONG L, WEI F, TAN C, et al. Adaptive Recursive Neural Network for Target–Dependent Twitter Sentiment Classification ［C］//Proceedings of the 52nd Annual Meeting of the Association for Computational Linguistics（volume 2: Short papers）. 2014.

［6］ HAZARIKA D, PORIA S, VIJ P, et al. Modeling Inter–Aspect Dependencies for Aspect–Based Sentiment Analysis ［C］//Proceedings of the 2018 Conference of the North American Chapter of the Association for Computational Linguistics: Human Language Technologies（Volume 2: Short Papers）. 2018.

［7］ HE R, LEE W S, NG H T, et al. Effective Attention Modeling for Aspect–Level Sentiment Classification ［C］//Proceedings of the 27th International Conference on Computational Linguistics. 2018.

［8］ HEN Z, QIAN T. Transfer Capsule Network for Aspect Level Sentiment Classification ［C］//Proceedings of the 57th Annual Meeting of the Association for Computational Linguistics. 2019.

［9］ HU M Q, LIU B. Mining and Summarizing Customer Reviews ［C］// Proceedings of the 10th ACM SIGKDD International Conference on Knowledge Discovery and Data Mining. Seattle, USA: ACM, 2004.

［10］ JAKOB N, GUREVYCH I. Using Anaphora Resolution to Improve Opinion Target Identication in Movie Reviews ［C］//Proceedings of the 2010 ACL Conference Short Papers. Uppsala, Sweden: Association for Computational Linguistics, 2010.

［11］ LARERTY J D, MCCALLUM A, PEREIRA F C N. Conditional Random Fields: Probabilistic Models for Segmenting and Labeling Sequence Data ［C］// Proceedings of the 18th International Conference on Machine Learning. Burlington, Massachusetts: Morgan Kaufmann Publishers, 2001.

［12］LEI Z, YANG Y, YANG M, et al. A Human－Like Semantic Cognition Network for Aspect－Level Sentiment Classification［C］// Proceedings of the AAAI Conference on Artificial Intelligence. 2019.

［13］LIANG B, DU J, XU R, et al. Context－Aware Embedding for Targeted Aspect－Based Sentiment Analysis［C］//Proceeding of the 57th Annual Meeting of the Association for Computational Linguistics. Florence, Italy：Association for Computational Linguistics, 2019.

［14］LIU K, XU L H, ZHAO J. Opinion Target Extraction Using Word－Based Translation Model［C］//Proceedings of the 2012 Joint Conference on Empirical Methods in Natural Language Processing and Computational Natural Language Learning. Jeju, the Republic of Korea：Association for Computational Linguistics, 2012.

［15］LIU Q, GAO Z Q, LIU B, ZHANG Y L. Automated Rule Selection for Aspect Extraction in Opinion Mining［C］//Proceedings of the 24th International Conference on Artificial Intelligence. Buenos Aires, Argentina：AAAI Press, 2015.

［16］MA D, LI S, WANG H. Joint Learning for Targeted Sentiment Analysis［C］//Proceedings of the 2018 Conference on Empirical Methods in Natural Language Processing. 2018.

［17］MA Y, PENG H, CAMBRIA E. Targeted Aspect－Based Sentiment Analysis via Embedding Commonsense Knowledge into an Attentive LSTM［C］// Thirty－Second AAAI Conference on Artificial Intelligence. 2018.

［18］NGUYEN T H, SHIRAI K. PhraseRNN：Phrase Recursive Neural Network for Aspect－Based Sentiment Analysis［C］//Proceedings of the 2015 Conference on Empirical Methods in Natural Language Processing. 2015.

［19］POPESCU A M, ETZIONI O. Extracting Product Features and Opinions from Reviews ［C］ //Proceedings of the 2005 Conference on Human Language Technology and Empirical Methods in Natural Language Processing. Vancouver, Canada: Association for Computational Linguistics, 2005.

［20］ SCAFFDI C, BIERHO K, CHANG E, et al. Red Opal: Product-Feature Scoring from Reviews ［C］ //Proceedings of the 8th ACM Conference on Electronic Commerce (ACMEC 2007) . San Diego, USA: ACM, 2007.

［21］ WANG Y, HUANG M, ZHAO L. Attention-Based LSTM for Aspect-Level Sentiment Classification ［C］ //Proceedings of the 2016 Conference on Empirical Methods in Natural Language Processing. 2016.

［22］ ZHUANG L, JING F, ZHU X Y. Movie Review Mining and Summarization ［C］ //Proceedings of the 15th ACM International Conference on Information and Knowledge Management. Arlington, Virginia, USA: ACM, 2006.

书　评

　　巨著宏开视野宽，舆情洞察入微端。

　　丝绸路启千秋业，欧亚桥连四海欢。

　　互利共赢呈盛景，同商共建破难艰。

　　书中奥义如灯照，引领潮流世界观。

　　金鸣博士的这部新著，书名如人名，有金石争鸣之声，既振聋发聩，又余音绕梁。振聋发聩，因其选题站位之高、选题之准、立意之新，"讲好中国故事，传播好中国声音，展示真实、立体、全面的中国"，是习近平总书记反复强调的重大战略问题。余音绕梁，因其解析之科学、论述之生动、对策之务实，坚持用数据说话、用事例说话，用中外读者都能听懂的语言说话。"一带一路"是中国走出去的纽带，也是中国声音走出去的纽带。金鸣博士敏锐且敏捷地抓住了这根纽带，对加强中国军队国际传播能力建设和深化认知作战研究提供了有益启示和借鉴，是一本十分难得的好教材。

军事评论家

伍正华

2024 年 12 月 28 日